Die Schlacht bei Hanau
30. Oktober 1813

Karl Caesar von Leonhard

Geschichtliche Darstellung
der

Schlacht bei Hanau am 30. Oktober 1813

Neudruck der 1. Auflage Hanau 1813

Mit einer Einführung von Klaus Schönherr

Herausgeber
Hanauer Anzeiger und Klaus Schönherr

Hanau am Main 1988

1. Auflage 1813
2. Auflage 1814
3. Auflage 1913

Gesamtherstellung:
Hanauer Anzeiger Druck- und Verlagshaus, 6450 Hanau 1
Printed in Germany · ISBN 3-9801933-0-6

Vorwort

Vor 175 Jahren am 30. Oktober 1813 stand Hanau im Mittelpunkt des militärischen Geschehens dieses von umwälzenden Ereignissen gekennzeichneten Jahres. Die Niederlagen der napoleonischen Armee, der Abfall der süd- und westdeutschen Rheinbundstaaten von Frankreich sowie die Befreiung von der französischen Okkupation beendete die fast zwei Jahrzehnte dauernde militärische und politische Vorherrschaft Frankreichs in Europa. Die Ereignisse der Jahre 1812 bis 1814 bildeten die Voraussetzungen für die historische und politische Entwicklung Mitteleuropas im 19. Jahrhundert.

Die militärischen Auseinandersetzungen mit der napoleonischen Armee im Jahre 1813 hinterließen bei den Zeitgenossen einen derart gravierenden Eindruck, daß schon kurze Zeit nach den Ereignissen Erlebnis- und Augenzeugenberichte erschienen. Zu diesen Publikationen gehört auch das 1813 in erster Auflage anonym erschienene Werk „Geschichte der Schlacht bei Hanau am 30. Oktober 1813“. Die Veröffentlichung muß ein derart großes Interesse hervorgerufen haben, daß bereits im darauffolgendem Jahr eine zweite Auflage erschien. Eine dritte Auflage erfolgte zum hundertsten Jahrestag 1913. Dieser Auflage kommt der Verdienst zu, daß sie den Verfasser des Berichtes Karl Caesar Leonhard nennt und das Werk mit Bildern und einer Gefechtsskizze versehen ist.

Zum 175. Jahrestag hat sich der Hanauer Anzeiger entschlossen, einen Neudruck der ersten Auflage herauszubringen, um somit das historische Ereignis zu würdigen. Neben dem Faksimile der ersten Auflage enthält der Neudruck eine Einführung, die dazu beitragen soll, die Schlacht bei Hanau 1813 in den gesamten historischen Kontext einzuordnen. Im Anhang sind sowohl das Vorwort, die Bilder und die Gefechtsskizze aus der dritten

Auflage sowie eine Kurzbiographie des Autors aufgenommen worden, um damit den Neudruck abzurunden.

Heitersheim, im Mai 1988 Klaus Schönherr

Einführung

Die Schlacht bei Hanau am 30. und 31. Oktober 1813 war die letzte militärische Auseinandersetzung westlich des Rheins, die während der Freiheitskriege 1813 bis 1815 stattfand. Die Freiheitskriege beendeten die Epoche der französischen Vorherrschaft in Europa. Diese mehr als ein Jahrzehnt umfassende Epoche nahm ihren Ausgang in der Französischen Revolution von 1789.

Die Französische Revolution stellt in der Geschichte der Neuzeit ein folgenschweres Ereignis dar, da sie zu einer gravierenden Zäsur in der europäischen Geschichte führte. Die revolutionären Forderungen nach Verwirklichung der universalen Menschenrechte „Freiheit und Gleichheit" leitete in Verbindung mit einem bis zu diesem Zeitpunkt wenig entwickelten nationalen Bewußtsein die Zerstörung des überkommenen europäischen Staatensystems ein. Die Verbreitung revolutionärer Ideen durch die bürgerlichen Mächte Frankreichs führten zu einer feindseligen Haltung der Exponenten der fürstlich-feudalen Ordnung im übrigen Europa, da sie befürchteten, daß die bestehende politische und staatliche Ordnung zerstört werde. Obwohl die Französische Revolution auch in Deutschland Resonanz und Befürwortung fand, konnte sie an für sich keinen direkten Einfluß auf das deutsche Staatensystem ausüben. Dennoch waren die Gegensätze zwischen dem revolutionären Frankreich und den in der fürstlich-feudalen Ordnung verharrenden Mächten Europas derart gravierend, daß politische und militärische Zusammenstöße unvermeidlich waren.

Durch die innerfranzösische Entwicklung ab 1789 entstanden Konflikte mit den übrigen Staaten Europas, die derartig eskalierten, daß im März 1792 Österreich und Preußen ein Defensivbündnis abschlossen. Der französische König Ludwig XVI. – von den Girondisten gezwungen – reagierte mit einer Kriegserklärung an beide Staaten. Diese löste den Ersten Koalitionskrieg von 1792 bis 1797 aus. Trotz zahlenmäßiger Überlegenheit der Koalition, die 1792 aus Österreich, Preußen, Rußland, Hessen-Kassel und Baden bestand und 1793 durch Großbritannien, Spanien sowie den Niederlanden erweitert wurde, konnten keine entscheidenden militärischen Erfolge gegen das französische Revolutionsheer erzielt werden, da eine einheitliche militärische Führung fehlte und die militärischen Operationen in erheblichem Maße vom politischen Eigeninteresse der einzelnen Bündnispartner bestimmt wurden. Nach geringen Anfangserfolgen mußte die Koalitionsarmee immer häufiger Niederlagen hinnehmen. Diese hatten ihre Ursachen einerseits in der uneinheitlichen operativen Führung der Bündnisarmee und andererseits in der Fähigkeit Frankreichs, in kurzer Zeit ein zahlenmäßig umfangreiches und gut ausgebildetes Heer aufzustellen. Nachdem es der französischen Armee 1794 gelungen war, die Niederlande zu erobern und das linksrheinische deutsche Gebiet zu besetzen, schied Preußen und Spanien im Mai 1795 mit dem Frieden von Basel aus der Koalition aus. Preußen zog sich nunmehr hinter eine Demarkationslinie zurück, so daß Nord-, Mittel- und Ostdeutschland bis 1806 von militärischen Auseinandersetzungen verschont blieben.

Österreich setzte den Kampf fort und konnte 1795 sowie 1796 französische Vorstöße in das rechtsrheinische deutsche Territorium erfolgreich abwehren. Die militärischen Anstrengungen Frankreichs gegen Österreich auf dem oberitalienischen Kriegsschauplatz blieben bis zum Frühjahr 1796 ohne Erfolg. Erst als General Napoleon Bonaparte dort den französischen Oberbefehl übernahm, mußte Österreich in den Feldzügen 1796 entscheidende Niederlagen hinnehmen, die es Napoleon ermöglichte, gegen Wien vorzudringen. Nach dem Verlust von Klagenfurt

und Laibach zeigte Österreich sich zu Friedensverhandlungen bereit, die 1797 mit dem Frieden von Compoformio endeten.
Bereits ein Jahr später schlossen Österreich, Rußland, England und Neapel ein neues Bündnis, um den Hegemonieansprüchen Frankreichs entgegenzutreten. Dieses Bündnis führte zum Zweiten Koalitionskrieg von 1798 bis 1801/02. In den Jahren 1798 und 1799 siegten die Koalitionsarmeen mehrfach über die französischen Streitkräfte und eroberten den größten Teil der im Ersten Koalitionskrieg verlorenen Gebiete zurück. Erst nachdem Napoleon, der von Ägypten aus durch den Verlust der französischen Flotte nicht rechtzeitig auf dem europäischen Kriegsschauplatz erscheinen konnte, im November 1799 in Frankreich eintraf und dort mit Hilfe eines Staatsstreiches an die Macht gelangte, änderte sich die militärische Situation zugunsten Frankreichs. Der für Frankreich siegreich verlaufende Feldzug von 1800 führte im Februar 1801 zum Frieden von Luneville, der den Zweiten Koalitionskrieg beendete.

Durch die Friedensverträge von Basel (1795), Campoformio (1797) und Luneville (1801) verloren die Reichsstände ihre linksrheinischen Besitzungen an Frankreich, so daß sich Frankreich nach Osten bis an den Rhein ausdehnen konnte. Artikel 7 des Friedensvertrages von Luneville bestimmte, daß die weltlichen, rechtsrheinischen Reichsstände durch Mediatisierung und Säkularisierung im verbliebenen Reichsgebiet für ihre linksrheinischen Verluste entschädigt werden sollten. Auf dem Reichstag zu Regensburg schlugen die Reichsstände am 2. Oktober 1801 vor, die Ausarbeitung eines Entschädigungsplanes einer Reichsdeputation zu übertragen. Noch bevor die Kommission zusammentrat, einigten sich Frankreich und Rußland im Juni 1802 über die territoriale Neugestaltung des deutschen Reiches. Diese Vereinbarung bildete die

Grundlage der territorialen, staats- und kirchenrechtlichen Strukturveränderungen im Reichsdeputationshauptschluß, den der Reichstag im März 1803 als Reichsgesetz verabschiedete. Mit dem Reichsdeputationshauptschluß wurden alle geistlichen Reichsterritorien aufgelöst und 41 Reichsstädte verloren ihre Selbständigkeit.

Sowohl das Hegemonialstreben Napoleons, bei dem dieser versuchte, die süddeutschen Fürsten stärker an Frankreich zu binden, als auch die 1804 erfolgte Errichtung eines französischen Kaisertums führten zu neuen Spannungen in Europa. Aus den politischen Konstellationen entwickelte sich 1805 die Dritte Koalition, zu der sich England, Rußland, Österreich und Schweden zusammenschlossen. Die Allianz verfolgte das Ziel, ein europäisches Föderativsystem auf der Grundlage eines neuen Völkerrechtes zu schaffen. Als Reaktion schloß Napoleon Militärbündnisse mit Bayern, Baden, Württemberg und Hanau. Im Feldzug 1805 durchkreuzte Napoleon die alliierte Operationsplanung, als er die österreichische Hauptarmee bei Ulm einschloß und am 19. Oktober zur Kapitulation zwang. Dadurch gelang es dem französischen Herrscher, bereits am 13. November kampflos Wien zu besetzen. Ohne Erfolg für die Koalition verlief am 2. Dezember der Versuch russischer und österreichischer Truppen, das napoleonische Heer bei Austerlitz zu schlagen. Noch im November hatten Rußland und Preußen einen Allianzvertrag abgeschlossen, der Preußen verpflichtete, einen Waffenstillstand zwischen Frankreich und Rußland zu vermitteln. Durch die Niederlage der Koalition war der Allianzvertrag gegenstandslos geworden. Preußen ging nunmehr im Vertrag von Schönbrunn (15. 12. 1805) ein Offensiv- und Defensivbündnis mit Frankreich ein.

Der Dritte Koalitionskrieg endete am 26. Dezember 1805 mit dem Frieden von Preßburg, in dem Österreich seinen politischen Einfluß in Italien und Süddeutschland verlor.

Das Ergebnis des Dritten Koalitionskrieges ermöglichte Napoleon, seine Vorherrschaft weiter auszubauen. Dieses Hegemonialstreben führte 1806 zur Gründung des Rheinbundes unter der Führung Frankreichs und hatte zur Folge, daß sich der Reichsverband des Heiligen Römischen Reiches deutscher Nation auflöste. Die ursprüngliche Konzeption Napoleons sah einen Staatenbund vor, der Frankreich, Italien, die Schweiz, Bayern, Baden und Württemberg umfassen sollte. Die Vorstellungen Napoleons scheiterten zwar am Widerstand Bayerns und Württembergs, dennoch konnte der französische Herrscher am 21. Juli 1806 in Paris die Unterzeichnung der Rheinbund-Akte durchsetzen. In der Rheinbund-Akte schlossen sich 16 süddeutsche Reichsstände zu einer Konföderation zusammen, die mit Frankreich formell ein Offensiv- und Defensivbündnis abschlossen. Mit Unterzeichnung des Abkommens traten die vertragsschließenden Reichsstände aus dem deutschen Reichsverband aus. Gleichzeitig erklärte Napoleon, daß die Reichsverfassung von ihm nicht mehr anerkannt würde, und stellte Kaiser Franz II. das Ultimatum, auf die Kaiserwürde des Heiligen Römischen Reiches deutscher Nation zu verzichten. Dieses Ultimatum akzeptierte Franz II. und legte am 6. August 1806 die Reichsinsignien ab. Die Konföderation des Rheinbundes existierte bis 1813 und umfaßte bei seiner Gründung etwa ein Drittel der ehemaligen Reichsstände. Bis 1808 traten mit Ausnahme von Preußen, Österreich, dänisch Holstein und schwedisch Pommern alle deutschen Einzelstaaten dem Rheinbund bei.

Die Bemühungen Napoleons bei der Errichtung des Rheinbundes unterstützte auf deutscher Seite der ehemalige Kurfürst und Erzbischof von Mainz Karl Theodor von Dalberg. Als Ersatz für das säkularisierte Erzbistum Mainz erhielt Dalberg die Fürstentümer Aschaffenburg und Regensburg sowie die Grafschaft Wetzlar. Mit der Neugliederung des Reichsgebietes 1810 schuf Napoleon das Großherzogtum Frankfurt mit den Besitzungen Frankfurts, den Fürstentümern Hanau, Fulda und Aschaffenburg sowie der Grafschaft Wetzlar, die Dalberg als Großherzog zugesprochen bekam, wobei er auf das Fürstentum Regensburg zugunsten Bayerns verzichten mußte.

Der im Dezember 1805 in Schönbrunn zwischen Preußen und Frankreich abgeschlossene Vertrag wurde von König Friedrich Wilhelm III. nur mit erheblichen Änderungen ratifiziert, so daß Napoleon das Abkommen als nicht existent erklärte. Gleichzeitig legte der französische Kaiser einen neuen Vertrag vor, der gegenüber der ursprünglichen Vereinbarung wesentlich schlechtere Bedingungen für Preußen enthielt. Da Preußen am 24. Januar 1806 die Demobilmachung verfügt hatte, besaß es keinen politischen Spielraum und sah sich gezwungen am 15. Februar 1806 den Pariser Traktat anzunehmen, der Preußen in erheblichem Maße an die französische Politik band.

Die Ratifizierung des Pariser Traktates erzeugte in Preußen umfangreiche Widerstände gegen die französische Hegemonialpolitik. Während der in Paris laufenden Verhandlungen zur Gründung des Rheinbundes kam es im Sommer 1806 zur Annäherung Preußens an Rußland. Hieraus entstand die Grundlage für eine vierte Koalition gegen Napoleon. Politische Aktionen Frankreichs und Preußens führten zu gegenseitigen Mißverständnissen, so daß Preußen im Spätsommer 1806 überstürzt mobil machte. Die militärischen Operationen begannen Anfang Oktober, bei denen Napoleon sofort auf sechs voll einsatzfähige Armeekorps zurückgreifen konnte, die seit dem Vorjahr in Franken stationiert waren. Hierdurch besaß er gegenüber den zersplitterten preußischen Truppenteilen von Anfang an einen strategischen sowie auch zahlenmäßigen Vorteil. In den Kampfhandlungen gelang es Napoleon, das preußische Heer in mehreren Schlachten zu besiegen, so daß er bis auf Ostpreußen und Teilen Schlesiens das gesamte Königreich erobern konnte. Die von König Friedrich Wilhelm III. aufgenommenen Waffenstillstandsverhandlungen scheiterten an den französischen Forderungen. Daraufhin wurden im Dezember 1806 die Reste der preußisch-russischen Streitkräfte nach Ostpreußen abgedrängt. Nachdem die Schlacht am 7./8. Februar 1807 bei Preußisch-Eylau unentschieden endete, war das französische Heer im Frühjahr- und Sommerfeldzug 1807 erfolgreich. Im Anschluß an die für Napoleon siegreich verlaufende Schlacht bei Friedland (14. 6. 1807) kam es zu einer Verständigung zwischen ihm und Zar Alexander I., so daß Preußen gezwungen war, das Friedensdiktat von Tilsit am 9. Juli 1807 zu unterzeichnen. Mit dem Friedensvertrag von Tilsit hörte die Existenz Preußens als selbständige europäische Macht vorerst auf. Dennoch erhielt Preußen durch den Friedensvertrag die Chance, sich sowohl politisch als auch militärisch mit Hilfe von Reformen zu konsolidieren. Bereits 1808 sah sich Preußen in der Pariser Konvention gezwungen, weitere Einschränkungen seiner Souveränität hinzunehmen.

Seit 1807 besaß Napoleon die Hegemonie in Deutschland, wobei lediglich Österreich ein antinapoleonisches Zentrum bildete. Nach der Niederlage 1805 reformierte Erzherzog Karl das österreichische Heer, so daß im April 1809 die militärischen Voraussetzungen geschaffen waren, einen Krieg gegen Frankreich zu führen. Das Jahr 1809 bot eine politisch und militärisch günstige Situation, da die napoleonischen Truppen in Spanien gebunden waren. Anfang April eröffnete Österreich die Kampfhandlungen mit dem Einmarsch in Bayern und in der Oberpfalz. Bereits am 17. April traf Napoleon auf dem Kriegsschauplatz ein und schlug die österreichische Armee im Feldzug von Regensburg. Dieser Sieg gab dem französischen Kaiser die Möglichkeit, am 13. Mai Wien zu besetzen. Obwohl das napoleonische Heer bei Aspern (21./22. 5.) erstmalig unterlegen war, ging der Krieg nach dem Sieg Napoleons am 5./6. Juli bei Wagram zugunsten Frankreichs aus. Mit dem am 19. Oktober unterzeichneten Frieden von Schönbrunn mußte Österreich erhebliche territoriale und machtpolitische Verluste akzeptieren.

Die ruhige Zeit zwischen 1808 und 1812 nutzte Preußen zur Reorganisation und Reform sowohl des Staates als auch des Militärs. Österreich erholte sich von der Niederlage von 1809 relativ schnell, da es die französisch-russischen Spannungen ausnutzte, um im März 1812 einen Allianzvertrag mit Frankreich abzuschließen. Mit dem Anschluß des Landes an Napoleon konnte die Gleichberechtigung und Selbständigkeit Österreichs wieder hergestellt werden. Die russisch-französischen Konflikte führten zu Kriegsvorbereitungen Frankreichs, das sich im Pariser Vertrag vom 24. Februar 1812 die militärische Unterstützung Preußens sicherte. In dem Abkommen gestattete Preußen den französischen Truppen freies Durchzugs- und Requirierungsrecht und verpflichtete sich, ein 20 000 Mann starkes Hilfskorps zu stellen. Auch Österreich beteiligte sich an dem Krieg gegen Rußland mit einem 30 000 Soldaten umfassenden Truppenkontingent, das allerdings im Gegensatz zum preußischen Hilfskorps unter eigener militärischer Führung stand. Die Kampfhandlungen eröffnete Napoleon am 22. Juni 1812 mit Überschreiten des Njemen bei Kowno. Das napoleonische Heer verfügte über 610 000 Soldaten, dem Rußland nur eine 370 000 Mann starke Armee entgegenstellen konnte. Die personelle Schwäche des russischen Heeres zwang dieses, sich notgedrungen ins Innere des Landes zurückzuziehen. Trotz der zwei Siege Napoleons am 17. August bei Smolensk und am 7. September bei Borodino gelang es dem französischen Kaiser nicht, damit eine kriegsentscheidende Situation zu erreichen. Trotz des Einmarsches französischer Truppen in Moskau (7. 9. 1812) zeigte sich Zar Alexander I. nicht bereit, Friedensverhandlungen mit Napoleon zu führen. Nachdem die Russen am 18. September Moskau in Brand gesteckt hatten, ordnete Napoleon einen Monat später den Rückzug an. Die ständigen russischen Attacken während des Rückzuges, der Mangel an Verpflegung, die schlechten Witterungsbedingungen sowie der verlustreiche Übergang über die Beresina Ende November 1812 führten zur Vernichtung der napoleonischen Grand Armée. Auch die Truppenkontingente der deutschen Rheinbundstaaten wurden in die Katastrophe hineingezogen. Demgegenüber erlitt das preußische Hilfskorps kaum Verluste, da es als Flankenschutz im Baltikum eingesetzt und an den Kampfhandlungen der Hauptarmee Napoleons nicht beteiligt war.

Ende Dezember 1812 gelang es russischen Truppen, die preußischen Verbände unter General York von dem französischen Korps des Marschalls Macdonald abzuschneiden. Daraufhin schloß York am 30. Dezember 1812 mit dem russischen General Diebitsch ohne Zustimmung König Friedrich Wilhelm III. die Konvention von Tauroggen, die eine vorläufige Neutralisierung des preußischen Kontingents vorsah. Obwohl der preußische König anfänglich der Konvention nicht zustimmte, da sie einen Bruch des französisch-preußischen Vertrags von Paris darstellte, gab sie dennoch den Anstoß zur Erhebung Preußens gegen die französische Vorherrschaft und leitete somit die Befreiungskriege von 1813 bis 1815 ein.

Ausgehend von Ostpreußen vollzog sich in kurzer Zeit die Aufrüstung des preußischen Heeres von 42 000 auf 280 000 Mann. Dies war das Ergebnis der seit 1808 durchgeführten Militärreformen. Die Vereinbarungen von Tauroggen leiteten preußisch-russische Verhandlungen ein, die am 24. Februar 1813 mit einem Militärbündnis abgeschlossen wurden. Daraufhin erfolgte am 27. März die preußische Kriegserklärung an Frankreich. Der Frühjahrsfeldzug 1813, den Napoleon mit einem neuausgehobenen, aber den Verbündeten zahlenmäßig überlegenen Heer führte, endete für die kriegsführenden Parteien unentschieden, so daß beide Parteien am 4. Juni in Plaswitz einen Waffenstillstand vereinbarten. Die im Anschluß an den Waffenstillstand am 12. Juli in Prag einsetzenden Friedensverhandlungen wurden am 10. August mit dem Beitritt Österreichs zur antinapoleonischen Koalition ergebnislos abgebrochen. Bereits vorher hatten sich England und Schweden dem russisch-preußischen Bündnis angeschlossen.

Im Herbstfeldzug 1813, bei dem das Kräfteverhältnis zu Beginn gleichwertig war, konnte Napoleon in der Schlacht bei Dresden (26./27. 8.) noch einmal einen Sieg erringen, ehe er wenige Tage später zwei schwere Niederlagen erlitt. Die militärische Entscheidung leitete Blücher am 3. Oktober ein, als ihm der Übergang über die Elbe bei Wartenburg gelang. Der am 8. Oktober erfolgte Beitritt Bayerns zur Koalition bedeutete den Verfall des napoleonischen Bündnissystems in Deutschland. Militärisch vollzog sich die Niederlage Napoleons in der dreitägigen Völkerschlacht bei Leipzig (16. – 19. 10.). In dem Aufeinandertreffen verlor die französische Armee 72 000 der 200 000 eingesetzten Soldaten. Trotz der katastrophalen Niederlage gelang Napoleon der Rückzug Richtung

Frankreich. Während des Rückzuges der französischen Hauptarmee durch das Kinzigtal versuchte ein 30 000 Mann umfassendes Kontingent unter der Führung des bayrischen Generals Wrede die napoleonischen Truppen bei Hanau zu schlagen. Graf Wrede mußte in der zweitägigen Schlacht eine empfindliche Niederlage hinnehmen. Von der falschen Annahme ausgehend, bei der durch das Kinzigtal marschierenden Kolonne handele es sich nur um einen Teil des französischen Heeres, versuchte er mit seinen bayerischen und österreichischen Truppen, die Franzosen aufzuhalten und zu schlagen. Trotzdem er auf die 80 000 Mann starke französische Hauptarmee traf, konnten 10 000 Soldaten gefangen genommen werden. Außerdem verlor Napoleon in der Schlacht noch etwa 9000 Bewaffnete durch Tod oder Verwundung. Mit den Resten von 60 000 Mann gelang es Napoleon, den Rhein zu überqueren und sich nach Frankreich zu retten.

Mit der Niederlage bei Leipzig und dem Abzug der französischen Streitkräfte nach Frankreich endete die napoleonische Vorherrschaft in Deutschland. Der bereits im Frühjahr 1813 einsetzende Verfall des Rheinbundes setzte sich im Herbst 1813, insbesondere durch den Übertritt Bayerns zur antinapoleonischen Koalition beschleunigt, fort, so daß Ende des Jahres die Konföderation nicht mehr existierte.

Da Napoleon Friedensvorschläge der gegnerischen Allianz zurückwies, verlagerte sich das Kriegsgeschehen im Anschluß an den Übergang des alliierten Heeres in der Neujahrsnacht 1813/14 über den Rhein auf linksrheinisches Gebiet. Durch das Fehlen einer einheitlichen Kampfführung bei den Bündnispartnern war der Feldzug 1814 durch unterschiedliche Erfolge gekennzeichnet. Trotzdem gelang es der Allianz, am 30. März 1814 Paris zu besetzen. Daraufhin mußte Napoleon auf die französische Kaiserwürde verzichten. Im Friedensvertrag von Paris (30. 5. 1814) gewährten die Sieger dem restaurierten französischen Königtum einen milden Frieden. Eine europäische Neuordnung sollte auf dem Wiener Kongreß, der vom 18. September 1814 bis zum 9. Juni 1815 tagte, ausgehandelt werden. Während der Beratungen des Kongresses landete Napoleon, dem die Insel Elba als Besitz und Aufenthalt zugewiesen worden war, im März 1815 in Südfrankreich. Die Allianz erneuerte am 23. März in einer Viermächtekonvention ihren Beistandspakt. Am 16. Juni besiegte der englische General Wellington und der preußische Marschall Blücher die Armee Napoleons bei Waterloo. Napoleon, der sich am 15. Juli den Engländern ergab, wurde auf die Insel Sankt Helena verbannt. Mit dem Zweiten Frieden von Paris, der am 15. November 1815 in Kraft trat, endeten die Befreiungskriege. Dieser Vertrag setzte einen Schlußpunkt unter die Epoche der Französischen Revolution und der französisch-napoleonischen Hegemonie in Europa.

Karl Caesar von Leonhard

Der Verfasser des 1813 anonym erschienen Augenzeugenberichtes über die Schlacht bei Hanau, Karl Caesar von Leonhard, wurde am 12. September 1779 zu Rumpenheim/Main geboren. Über seine Kindheits- und Jugendzeit ist nur bekannt, daß er sehr früh seine Eltern verlor. Ab 1797 studierte er das Fach Kameralistik an den Universitäten Marburg und Göttingen. In Göttingen belegte Leonhard zusätzlich Vorlesungen bei dem Mineralogen Blumenbach.

Obwohl er 1800 die Stelle eines Assessors bei der Landkassen- und Steuerdirektion in Hanau annahm, beschäftigte er sich auch weiterhin mit der mineralogischen Wissenschaft. Die Ernennung zum Kammerrat und Referenten für den Bergbau erfolgte 1809. Mit der Institutionalisierung des Großherzogtums Frankfurt berief ihn 1810 Großherzog Karl Theodor von Dalberg an die Spitze der fürstlichen Domänenverwaltung. Leonhard erhielt 1813 die Ernennung zum Geheimen Rat und Generalinspekteur. Mit der Auflösung des Großherzogtums Frankfurt verlor er alle Ämter und bekam lediglich die Stelle eines Assessors in der Steuerdirektion zugewiesen, da er als überzeugter Vertreter der napoleonischen Herrschaft verdächtigt wurde.

Diese Stellung in Hanau gab Leonhard 1815 auf, als ihm König Max I. von Bayern als Mineraloge an die Akademie der Wissenschaften nach München berief. Bereits drei Jahre später bot ihm der Großherzog von Baden die Professur für Mineralogie an der Universität Heidelberg an. Dieser Berufung folgte Karl Caesar von Leonhard und widmete sich seit 1818 ausschließlich der mineralogischen Forschung. Bis zu seinem Tode am 23. Januar 1862 blieb er Professor in Heidelberg.

Klaus Schönherr

GRAF VON WREDE.

Geschichtliche Darstellung

der

Schlacht bei Hanau

am 30. Oktober 1813.

Von einem Augenzeugen.

Mit dem Brustbilde des Generals der Kavallerie, Grafen von Wrede.

Hanau, 1813.

Seiner Exzellenz

dem

Herrn General der Kavallerie

Grafen von Wrede

und

Allen Tapfern

Seines Heeres

mit

Hochachtung und Dankgefühl.

Mit Anspruchlosigkeit treten diese Blätter vor die Augen der Welt. Ihr Zweck ist, den Zeitgenossen ein getreues Bild der denkwürdigen Schlacht bei Hanau darzubieten, und den Nachkommen das Andenken jener blutigen Tage mit strenger Wahrheitsliebe aufzubewahren.

Es bedarf nur eines Blickes in die Geschichte der letztverflossenen Jahrhunderte, und wir sind belehrt, daß wenn im Deutschen Vaterlande feindliche Gewalten einander bekämpften, unsre Gegend nur allzuoft zum Tummelplatze auserkohren war. Die grausenvollen Ereignisse des Jahres 1636, die Erinnerung an Dettingen und Bergen sind Belege. Seit sieben Jahren erfuhren wir alle Unannehmlichkeiten des Krieges in überlästiger Fülle. Aber noch hatte unser Ohr den Donner der Schlachten nicht vernommen, unsere Felder waren noch nicht getränkt mit Blut. Da umfaßten uns mit wilder Gewalt, unerwartet, schnell Schrecknisse, welche bis dahin schonend vorübergezogen waren. Für den Moment schienen alle Bande gelöst und vermag jetzt etwas die Gemüther aufrecht zu erhalten, so ist es die heranbrechende Morgenröthe einer besseren Zeit.

Geschrieben am 26. December 1813.

Geschichtliche Darstellung
der
Schlacht bei Hanau.

Wahrheit gegen Freund und Feind.

Schiller.

Schon seit den ersten Tagen des Oktobermonats deutete alles auf retrograde Bewegungen der Heere **Napoleons**.

Die Berichte, welche öffentliche Blätter uns überlieferten, waren es nicht allein, welche jenes Ereigniß als Resultat politischer Combinationen hervorgehen ließen, sondern der Augenschein selbst bot die unwidersprechlichsten Belege dar. Die Straße, welche den Norden mit dem Süden verbindet, und die theils durch unsre Stadt, theils unmittelbar an derselben vorüber führt, sah man mit Französischen Soldaten aller Waffengattungen bedeckt, welche dem Rheine zueilten. Den Anfang machte das zersprengte Korps des Generals **Noireau**. Am 28. September wurde derselbe bei Naumburg an der Saale geschlagen und schon am 9. Oktober ka=

men die Ueberreste jenes Korps, aus Kavallerie-Depots von den verschiedensten Regimentern zusammengesetzt, hier an. Sodann folgten von Tag zu Tag ganze Züge von Ausreissern; Dragoner, Husaren, Chasseurs, Infanteristen und Artilleristen, alles im buntesten Gemische. Die meisten dieser Flüchtlinge, welche man ihres desorganisirten Zustandes ungeachtet, und obgleich bei weitem die größere Hälfte nicht einmal bewaffnet und die darunter befindliche Kavallerie meist unberitten war, Cadres nannte, welche in das benachbarte Darmstädtische und Nassauische Gebiet zu gehen bestimmt seyen, um daselbst zu ihrer Ergänzung Conskribirte in Empfang zu nehmen, hatten ein äußerst trauriges Aussehen. Sie trugen fast ohne Ausnahme die unverkennbaren Spuren der Zerrüttung einer Armee, welche man bis daher nur im siegreichen Vorschreiten zu sehen gewohnt war. Bemerkenswerth ist der Umstand, daß bei allen diesen nach Frankreich ziehenden Kriegern im Ganzen sehr wenig alte Soldaten, und namentlich nur einzelne Gardisten zu sehen waren. Ein Beweis, wie sehr der Kaiser auf möglichste Schonung jenes Kernes seiner Truppen bedacht gewesen.

Gegen die Mitte des Monats wurde der Andrang immer stärker, und schon gesellten sich zu den zurückkehrenden Soldaten auch Offiziere und Civil-Beamte aller Grade.

Unterdessen war im Hauptquartier zu Braunau der Armee-Befehl erschienen, welcher den Entschluß der Krone Baiern, an dem großen Kampfe für Europa's Freiheit Theil zu nehmen, manifestirte. Die ersten Bewegungen der Oesterreichisch-Baierischen Armee machten es wahrscheinlich, daß dieselbe durch Franken nach den untern Maingegenden hin operiren werde; allein mit Zuverlässigkeit wußte man nichts über ihren weiteren Marsch.

Jetzt gelangte die Kunde von der Völkerschlacht bei Leipzig zu uns. Durch Privatbriefe erhielten wir die ersten Winke; an diese reihten sich bald sehr unzweideutige Aussagen Französischer Militairpersonen, Kouriere und Reisender *). Am 25. Oktober kam der König von **Neapel** **),

*) So erwiederte ein Französischer Offizier einem seiner von Mainz kommenden Kammeraden auf die Frage: Où est dans ce moment-ci le grand quartier général? mit vieler Freimüthigkeit: „Mon ami, il n'y en a plus."

**) Ein Adjutant des Königs, welcher Depeschen von Neapel gebracht, und seinen Monarchen seit 24 Stunden hier erwartet hatte, behändigte ihm solche mit den Worten: „Mais Sire, je vous croiais pris!" Lächelnd erwiederte der König; „Non me voilà, comme vous voyez."

von einem einzigen Adjutanten begleitet, hier durch. Ihm folgte Tags darauf der verwundete Marschall **Ney**. Aus diesen Erscheinungen wollten viele den für uns nichts weniger als beruhigenden Schluß ziehen, daß die Französische Armee ihren Weg durch unsere Gegend nehmen würde. Die Aussagen der Französischen Militairs waren über diesen, für uns so wichtigen Punkt zwar nicht im vollkommenen Einklange; doch liefen sie im Ganzen darauf hinaus, daß **Napoleon** in der Mitte seiner Garden marschiere, und bereits **Erfurt** erreicht habe.

Ueber das weitere Vordringen der Baiern herrschte noch immer in den öffentlichen Blättern ein tiefes Schweigen, und so wurden wir durch falsche und wahre Nachrichten bis zum 26. Oktober in einer ununterbrochenen Spannung erhalten *). An diesem Tage endlich erhielten wir

*) Bei einzelnen Individuen der Französischen Armee schien über die Baierischen Operationen gleichfalls nichts Sicheres bekannt gewesen zu seyn: ja selbst über ihre eigenen waren Manche in der größten Unwissenheit. Reisende, welche Tags zuvor, als die alliirten Truppen hier einrückten, nach **Gelnhausen** fuhren, wurden von Französischen Generälen mit ängstlicher Neugierde über dasjenige befragt, was sie hier gesehen. — Offiziere, welche am Abend des 27. Oktobers hier einquartiert waren, sagten mit vieler Bestimmtheit aus, daß der Rückzug ih-

die bestimmte Kunde, daß ein Theil von Wrede's Armee von Würzburg aus nach Aschaffenburg zu marschiere. Die wenigen hier und in den nächsten Umgebungen der Stadt befindlichen Truppen, etwa 600 Mann, meist Kavallerie und zum Theil noch unberitten, fiengen an, sich mit mehr Lebendigkeit zu bewegen, und ernstere Vorsichtsmaaßregeln gegen den anrückenden Feind zu nehmen. Sie blieben die Nacht durch unter den Waffen und nach verschiedenen Seiten hin wurden Vedetten ausgestellt. Der Französische Stadtkommandant verlegte sein Hauptquartier nach Hochstadt *). Die Civil-Behörden, Employes u. s. w. schickten sich zur Abreise an. Die Agenten der Donatairs betrieben das Einpacken ihrer Effekten mit größerer Eilfertigkeit.

---

rer Armee durch den Vogelsberg gehe. — Der Französische Stadtkommandant in Fulda ließ, wenige Tage vor der Ankunft des Kaisers in dieser Stadt, die dortige Garnison über Lauterbach und Grünberg marschieren. — Möglich ist es indessen, daß man die Einwohner absichtlich über diesen Punkt in Unwissenheit zu erhalten suchte, und so für die Subsistenz der Armee besser gesorgt zu haben glaubte.

*) Ein seitwärts der Straße nach Frankfurt gelegenes Dorf, eine Stunde von Hanau.

Neue eingelaufene Nachrichten verkündeten, daß die Oesterreichisch-Baierische Armee bis Miltenberg und Obernburg sich vorpoussirt, von hieraus aber einen Seitenweg nach Schlüchtern und Gelnhausen zu eingeschlagen habe. Sorglich und angstvoll blickten wir auf die Zukunft hin.

Am 27. Oktober in der Frühe abermals widersprechende Gerüchte. Einige wollten wissen, daß der Kaiser von Erfurt aus sich nach Kassel gewendet habe, andere ließen ihn über Grünberg und Wetzlar marschieren, oder gar für seine Person bereits bei Wesel über den Rhein gegangen seyn. Hier trug man sich mit der Sage, Gelnhausen wäre schon von den Alliirten besetzt, dort erzählte man von Scharmützeln, die zwischen Hanau und Dettingen vorgefallen seyen *).

Gegen Mittag kam die Nachricht, daß man noch an diesem Tage mit Gewißheit das Einrücken der Baiern in Aschaffenburg erwarte. Endlich Abends brachten Augenzeugen die bestimmte Kunde, daß nach der Einnahme der Stadt Würzburg mehrere tausend Mann von Wrede's Armee —

*) An diesem Tage wurden zwar allerdings auf dem Wege nach Dettingen einige kleine Kavallerie-Detaschements ausgeschickt, aber nur in der Absicht um zu recognosciren.

die Division **Lamotte** — in jener Stadt angekommen seyen, und am folgenden Tage hieher marschieren würden, die Vorposten ihrer Kavallerie ständen bereits bis diesseits Klein-Ostheim. Neue lebhaftere Bewegungen unter dem Militair, welches unsere Stadt noch immer besetzt hielt. Abends um 7 Uhr rief die Trompete die Kavallerie zusammen. Große Unruhe herrschte auf den öffentlichen Pläzzen und in allen Straßen. Man sahe indessen die Unmöglichkeit der Gegenwehr ein, und glaubte an einen Abzug noch während der Dauer der Nacht. Eine Meinung, welche dadurch viel an Wahrscheinlichkeit gewann, daß gegen 8 Uhr von Haus zu Haus angesagt wurde, um 11 Uhr würde Allarm geblasen werden, man möge aber darüber sich nicht ängstigen, es sey blos um ein Zusammenberufen der Truppen zu thun, welche gegen Mitternacht der hiesigen Bürgergarde die Wachen übergeben, und sodann in Ruhe abziehen würden. Die Erwartung war bei Allen auf das Höchste gestiegen. Indessen ging die Nacht ziemlich ruhig vorüber, einzelne Patrouillen durchkreuzten hin und wieder die Straßen, in welchen eine, nur von dem qui-vive der Schildwachen unterbrochene tiefe Stille herrschte *).

---

*) An demselben Tage Abends waren untern andern

Der 28. Oktober begann zu dämmern. Vor sieben Uhr schon verließen die letzten Franzosen die Stadt, und nach einem Zwischenraum von kaum 10 Minuten sprengten die ersten Baiern, Chevauxlegers etwa hundert Mann, zum Nürnberger — richtiger Aschaffenburger — Thore herein. Mit lautem Jubel wurden diese Krieger von den Hanauern begrüßt. Alles drängte sich herbei zum Empfange der Helden = Schaaren **Maximilian Josephs.**

Die Eskadron hatte sich auf dem Neustädter Markte postirt. Roß und Mann waren ermüdet; eine Folge der Eilmärsche, in welchen sich die Armee hieher bewegt hatte: daher wurde den Franzosen nicht sogleich nachgesetzt. Indessen nahm man dennoch den General St. Andree nebst zwei Obristen an dem Posthause gefangen,

---

zurückkehrenden Französischen Truppen auch mehrere von der Polnischen Legion einquartirt worden. Zwei dazu gehörige Offiziere wurden von ihrem Hauswirthe auf die ihnen drohende Gefahr, auf die Nähe des Feindes aufmerksam gemacht. Sie dankten verbindlich für die erhaltene Warnung versicherten indessen, daß für sie zwischen der Gefangenschaft und dem Rhein-Uebergange kein Unterschied sey.

und mehrere Offiziere und Employes, welche sich verspätet hatten, wurden eingebracht *).

Ein kleines Kommando ritt nach dem am Maine gelegenen Zollhause, und von hier nach Kesselstadt, wo noch ein für die Festung Mainz bestimmtes Schiff mit Reis hielt. Das Schiff wurde genommen, und die dabei befindliche Eskorte zu Gefangenen gemacht.

Die Dörfer auf der Straße nach Frankfurt seitwärts waren an diesem Tage von den Franzosen besetzt worden. In Bergen lagen 1200 Mann Kavallerie, zur Hälfte beritten. Diese Truppen hatten vier Kanonen bei sich. In den, der Chaussee näher gelegenen Orten befanden sich Kavallerie-Abtheilungen, welche gleichsam die Vorposten bildeten. Am Mainanker, ein isolirtes Wirthshaus auf der Hälfte des Weges zwischen Hanau und Frankfurt, waren einige Kanonen aufgepflanzt. Bis vorwärts Dörnigheim sah man Detaschements von 100 — 150 Mann aufge-

*) Ein unglücklicher Franzose, welchem ein Baier zurief, er solle sich ergeben, und der, aus Furcht und Unkunde der Sprache, das Gewehr nicht sogleich wegwarf, wurde in der Frankfurter Straße zusammengehauen. Ein wackerer Offizier bestrafte diese unrühmliche That auf der Stelle.

stellt. Die Pferde wurden nicht abgesattelt, alles hatte den Befehl, bei dem ersten Schusse sogleich aufzusitzen.

Jetzt erhielten die Baiern Verstärkung durch mehrere Eskadrons Chevaurlegers. Man besetzte nun die Kinzigbrücke, ziemlich in demselben Momente, in welchem eine nicht zahlreiche Colonne der großen Französischen Armee auf ihrem Rückzuge von Gelnhausen bei der Stadt anlangte. Sogleich begann das Plänkeln vor der Kinzigbrücke. Die jungen Baierischen Reuter kämpften muthig, und an ihrer Spitze wurde der Prinz **Ludwig von Waldeck**, der Neffe des Königs, schwer verwundet. Man brachte viele Gefangene und erbeutete Pferde ein. Jetzt bedrohten die Franzosen die Stadt von der entgegengesetzten Seite, indem sie von der großen Sächsischen Landstraße links debouchirten, längs dem Lamboy-Walde *) hingezogen, und über die, eine Viertelstunde von der Stadt aufwärts des Kinzigflusses befindliche Brücke zu

*) Der Name dieses Waldes ist eine Reminiscenz aus dem 30jährigen Kriege. Man hat ihn nach dem Kaiserlich Oesterreichischen Heerführer, General **Lamboy**, also genannt. S. die Belagerung und Entsetzung der Stadt Hanau im 30jährigen Kriege. Von **B. Hundeshagen**. Hanau 1812. (Zu finden in der Buchhandlung des Waisenhauses.)

dringen suchten. Früher schon war nach dieser Brücke ein Detaschement Chevauxlegers abgeschickt worden; nun eilten noch einige Eskadrons dahin. Hierdurch mußten aber nothwendig die Streitkräfte innerhalb der Stadt geschwächt werden; ein Umstand, der den Franzosen nicht unbemerkt blieb, und von ihnen sogleich zu einem Angriff auf die Kinzigbrücke und Vorstadt benutzt wurde. Gegen 10 Uhr Morgens drangen einzelne Französische Reuter in die Stadt ein. Man schlug sich in den Straßen, zum Schrecken der friedlichen Einwohner, für welche blutige Auftritte dieser Art durchaus neu wären *).

Die Baiern zogen sich zurück, jedoch nur bis außerhalb des Nürnberger Thores. Um 11 Uhr langten die übrigen Eskadrons des Chevauxlegers-Regiments an. Sogleich drang man wieder vor, passirte die Stadt, und stellte sich dem Feinde auf der Landstraße nach Gelnhausen, jenseits der Kinzigbrücke, entgegen. Die früherhin gemachten Gefangenen, welche die Franzosen in Freiheit gesetzt hatten, wurden nun zum zweitenmale gefan-

*) In der Frankfurter Straße vertheidigte sich ein Baierischer Chevauxleger gegen die wiederholten Angriffe von fünf Französischen Reutern, verwundete einen davon, und entkam glücklich.

gen genommen. Vor der Kinzigbrücke wurde anhaltend geplänkelt *). Viele gefangene Franzosen und einzelne blessirte Baiern kamen herein. Die Franzosen drangen gegen Mittag mit erneuter Stärke gegen das Kinzigthor vor. Die Baiern mußten der Uebermacht weichen, sie machten eine Bewegung rückwärts, jedoch ohne die Stadt zu verlassen. Die Franzosen besetzten die Kinzigbrücke. Diese Lage der Dinge blieb dieselbe, bis nach 1 Uhr Mittags, wo die Generäle **Rechberg** und **Viereck** mit zwei Regimentern Kavallerie und einer Batterie leichter Artillerie einrückten. Der Kampf begann nun mit einzelnen Kanonenschüssen, die Franzosen wurden geworfen. Noch

---

*) Die heldenmüthige Kaltblütigkeit eines Französischen Offiziers darf hier nicht mit Stillschweigen übergangen werden. Vor dem Thore der Kinzigbrücke nach der Wasenmeisterei hielt eine Baierische Vedette. Ein Französischer Offizier kam einzeln auf der Gelnhäuser Strasse geritten. Er war tief in Gedanken, und bemerkte den feindlichen Reuter erst dann, als er nur noch etwa 12 Schritte von ihm entfernt war. Der Baier legte die Pistole auf ihn an. Der Offizier griff nach dem Degen, jedoch ohne ihn zu ziehen. So hielten beide unbeweglich mehrere Minuten hindurch Aug' in Aug' einander gegenüber. Plötzlich wendete der Offizier sein Pferd, ritt zwölf Schritt langsam zurück, und sprengte dann im gestreckten Galoppe davon.

einige Zeit hindurch hörte man den Donner des Geschützes. Als indessen der Abend herannahete, und die Baierische Infanterie nicht angelangt war, während die Franzosen fortdauernd in starken Kolonnen heran rückten, und durch das Feuer ihrer Tirailleurs nicht unbedeutenden Schaden anrichteten, so verließ Graf **Rechberg** die Position auf der Straße nach Gelnhausen, räumte die Stadt, und nahm eine Stellung jenseits derselben in der Gegend der sogenannten Ehrensäule, zwischen dem Nürnberger Thore und dem Dorfe Auheim, auf der Straße nach Aschaffenburg *).

Die Abenddämmerung war eingetreten. Zu dem Unfreundlichen der Jahreszeit gesellte sich das Unheimliche einer furchtbaren Gegenwart und die sorgenreiche Aussicht in eine durchaus ungewisse Zukunft. Zweifach schauervoll ist eine solche Stimmung bei einbrechender Nacht. Grabesstille

*) Bei dieser Gelegenheit kann unter andern Zügen Deutschen Biedersinnes der lebhafte Unwille nicht verschwiegen werden, welchen viele Baierische Reuter darüber äusserten, daß sie die Stadt nochmals verlassen mußten. Sie murrten laut, daß man ihnen nicht gestatten wollte, sich bis auf den letzten Mann für die Einwohner einer Stadt zu schlagen, in welcher sie mit so offener Herzlichkeit empfangen worden waren.

herrschte auf den meisten Straßen. Die Bewohner waren in ihre Häuser geflohen, und sahen in furchtbarer Spannung dem kommenden Augenblicke entgegen.

Während dieses alles innerhalb der Stadt und jenseits derselben sich zutrug, war zwischen vier und fünf Uhr ein Französischer General an dem Kinzigbrücker-Thore erschienen. Er erklärte dem Offizier der daselbst aufgestellten Bürgerwache mit vielem Ungestümme: daß wenn der Maire von Hanau nicht binnen wenigen Minuten bei ihm erschiene und eine Convention mit ihm abschlösse, kraft welcher seine vorbeiziehende Kolonne durchaus ungestört bliebe, er die Stadt sogleich mit 15 dazu bereitstehenden Kanonen beschiessen lassen werde *). Man setzte den Präfekten und den Maire von dieser Drohung in Kenntniß. Unterdessen war der Obrist von Haynau, ein geborner Hanauer, vormals Major in Baierischen Diensten, jetzt Anführer der hiesigen Bürgergarde, nach dem Kinzigbrücker Thore geeilt. Er fand hier den Obrist Rousseau von der Kaisergarde. Diesem

*) Viele wollen indessen behaupten, daß diese Drohung nichts als Folge eines Mißverständnisses gewesen sey.

sem bedeutete er, daß weder die Behörden und Einwohner von Hanau, noch die durch ihn kommandirte Bürgergarde sich in irgend eine die Verhältnisse zwischen beiden kriegführenden Heeren betreffende Convention einlassen könnten. Jedoch sey es sehr wahrscheinlich, daß die ganze noch zurückgebliebene Kolonne ungehindert vorüberziehen werde, wenn die Französischen Truppen nicht etwa durch Beschießen, oder Besetzen der Stadt, oder auch durch das Eindringen einzelner Individuen dem noch in der Nähe befindlichen Baierischen Armeekorps zu einem Angriff selbst den Anlaß darbieten würden. Der Präfekt und der Maire hatten sich nun gleichfalls auf die Kinzigbrücke begeben, und den Französischen Befehlshaber wiederholt versichert, daß er von Seiten der Stadt nicht die mindeste Beunruhigung zu erfahren haben sollte. Obrist von Haynau ersuchte ihn, eine Sicherheitswache von 10 bis 12 Mann bis zum erfolgten Vorbeimarsch der ganzen Kolonne, vor dem Thore mit der Ordre aufzustellen: jeden in die Stadt Einlaß verlangenden Offizier, oder Soldaten abzuweisen.

Er erhielt indessen nur einen einzigen Kaiser-Husaren als Sauvegarde. Der Französische Obrist versprach noch mehrere nachzuschicken, eine Zusage, die jedoch nicht erfüllt wurde. Jetzt bot sich dem Obrist von Haynau die Gelegenheit dar, die Wahrhaftigkeit seines Bürgersinnes, die Treue seiner Vaterlandsliebe durch eine schöne That zu bewähren. Das Gitterthor, welches die äußere Seite der Kinzigbrücke von der Landstraße scheidet, sollte verschlossen werden, da aber weder Schloß, noch Schlagbaum vorhanden war, um es gehörig verwahren zu können, so blieb kein anderes Mittel übrig, als daß der Obrist von Haynau und die bei ihm befindlichen Offiziere und Bürgergardisten sich dazu verstehen mußten, es mit ihren Händen zuzuhalten *). Das Gitterthor hatte

---

*) Die Namen der ehrenwerthen Männer von der hiesigen Bürgergarde, welche die Gefahr ihres Obristen theilten, sind folgende: Hauptmann Dietz, die Lieutenants Labarre und Sinn, und der Lieutenant bei der Brandkompagnie, Sinzenich. Ferner die Unteroffiziers Leutert, Rust und Kittsteiner, und die Gardisten Schmidthöfer, Taglöhner, Andreas Appel, Schreiner, Joh. Schlingloff, Maurer, Wiegand Schneider, Leuschner, Schuhmacher, Fr. Eissele, Fabrikant, Heinrich Giesler, Färber, Dietrich Kling, Strumpfweber, Heinr.

zudem mehrere bedeutende Lücken, und diese vermehrten die Gefahr. Mit Vorstellungen, mit Drohungen, durch Vertheilung von Speise und Trank, durch Warnungen, daß im Innern der Stadt Gefahr sey, von den patrouillirenden Baierischen Truppen gefangen genommen zu werden, wußte man die Kolonne vom Eindringen abzuhalten. Hunderte, durch Hunger und Müdigkeit erschöpfte Französische Krieger machten den Vorschlag, sich zu ergeben, wenn man sie nur in der Stadt aufnehmen wolle. Diese wurden durch Erweckung ihres Patriotismus von ihrem Vorhaben abgehalten. Endlich erschien ein betrunkener Husarenoffizier mit vier Husaren, welcher sich durch Säbelhiebe den Weg zu bahnen wußte. Der Offizier postirte zwei seiner Leute unter den auf der Mitte der Kinzigbrücke befindlichen Margarethenthurm mit dem Befehle, Niemanden weder aus-

---

Wörner, Schreiner, Holzapfel, Bijoutier, Kitz, Uhrmacher, Peter Reuling, Fuhrmann. Durch thätige Hülfe und Unerschrockenheit bei dem Brande während des Bombardements zeichneten sich vortheilhaft aus und verdienen noch genannt zu werden: Conrad Lang, Steindekker, Johs Schlinglof, Maurer, Heinr. Büttenklepper, Schreiner, Johs Stückert, Küfer.

noch einpassiren zu lassen. Er selbst sprengte, begleitet von den beiden übrigen, durch die Vorstadt bis auf den Neustädter-Markt, fluchte, tobte, drohte die Stadt beschiessen zu lassen, fieng Händel mit den Bürgern an, welche die Hauptwache besetzt hatten, und eilte endlich auf dieselbe lärmende Weise wieder der Kinzigbrücke zu. Mit gezogenem Säbel sprengte er auf den Obrist Haynau und seine Gefährten los, und verwundete mehrere derselben. Unsere wackeren Mitbürger waren den größten Mißhandlungen ausgesetzt, und mußten jeden Augenblick für ihr Leben fürchten. Der Anführer der Bürgergarde, dem die Gegenwehr, zum Besten der Stadt, weder dienlich noch passend schien, sah sich genöthigt, in das kleine Wachthaus zu flüchten. Alle Lichter wurden ausgelöscht. Die Husaren hieben die Fenster ein, und suchten mittelst herbeigerufener Infanteristen die Thüre des Wachthauses zu erbrechen, welche, aus Mangel eines Schlosses, nur mit der größten Anstrengung zugehalten werden konnte. Der wüthende Offizier rief unaufhörlich den Infanteristen zu: Mes amis, mettez le feu au corps de garde et brulez moi cette garde nationale avec leur chef, ce sont des bougres etc. *).

*) Auf, meine Freunde, steckt das Wachthaus an, und

Ein glücklicher Zufall hatte es gewollt, daß einige schwer verwundete Franzosen die Wachtstube gleichfalls zu ihrem Zufluchtsort erwählt hatten. Den Bitten derselben gelang es endlich, ihre stürmenden Kammeraden zu beruhigen. Zudem war die Kolonne ganz vorbei marschiert, und so wurde der Obrist von Haynau und die ihn begleitenden Offiziere und Bürgergardisten aus ihrer schreckvollen Lage, welche länger als Eine Stunde gedauert hatte, und vom Feuertode glücklich befreit.

Mit dankbarer Erinnerung wird jeder Bewohner Hanaus das Andenken dieser hochherzigen That in seiner Brust bewahren.

Darmstädtische Dragoner, Ueberreste des Kontingents, welches den Rückzug der großen Armee mitgemacht hatte, kamen herein; wahrscheinlich zum Kanalthore, indem sie den Kesselstädter Weg einschlugen. Sie hatten die Absicht zu den Alliirten überzugehen. Der betrunkene Offizier sezte ihnen mit seinen beiden Husaren nach, und wollte sie zurückbringen, mußte jedoch unverrichteter Dinge wieder abziehen. Die Hessischen Truppen wurden einquartirt, und vollführten am Morgen des kommenden Tages ihren Entschluß.

---

verbrennt die Bürgergarde mit ihrem Chef, es ist Gesindel u. s. w.

Die Nachricht von einer mit den Französischen Truppen abgeschlossenen Convention hatte sich unterdessen in der Stadt zur großen Beruhigung der Einwohner verbreitet. Um 8 Uhr Abends rückten vier Kompagnien Baierischer Scharfschützen unter Anführung des Majors Horn ein. Der Präfekt sezte ihn unverzüglich von dem in Kenntniß, was hinsichtlich eines ungestörten Vorüberzuges der Französischen Truppen mit dem Obristen derselben auf der Kinzigbrücke verhandelt worden war. Major Horn erwiederte, daß er hierauf keine Rücksicht nehmen könne. Die von seinem General empfangenen Befehle müsse er als einzige Richtschnur seiner Handlungen betrachten. Er ließ ohne Zeitverlust und in großer Stille sämmtliche Thore der Stadt besezten. In den vor der Kinzigbrücke gelegenen Häusern hatten sich 600 bis 800 Franzosen, Nachzügler der vorbei defilirten Kolonne, gewaltsam einquartirt. Von diesen wurden über 500 Mann gefangen genommen, und noch an demselben Abend in die Stadt eingebracht.

Jezt rückten noch mehrere tausend Mann Bairischer Infanterie und Kavallerie heran. Sie bivouakirten in der Stadt und außerhalb derselben auf den öffentlichen Pläzzen. Neue unsern Augen durchaus fremde Scenen. Ueberall brannten

Wachtfeuer, um welche die Truppen sich lagerten. Von allen Seiten strömten Bürger und Bürgerinnen herbei, um die Kämpfer mit Speise und Getränke zu laben. Die Nacht gieng ruhig vorüber.

Wenden wir uns jezt auf einige Augenblicke zu der im Rückzug begriffenen Französischen Armee. Zwar hatten wir damals, als die ersten Baierischen Wachtfeuer in unserer Stadt brannten, noch keine offizielle Kunde von ihr, allein, um einen allgemeinen Ueberblick zu erlangen, ist es durchaus nothwendig, die Operationen derselben bis zum 28. Oktober hier einzuschalten.

Nach den blutigen Tagen in Leipzigs Ebene hatte sich Kaiser **Napoleon** über Erfurt nach Fulda gezogen, indem er stets der großen Heerstraße folgte. In Schlüchtern, das erste Städtchen auf Hanauischem Gebiete, kam am 26. Oktober schon ein Theil der Avantgarde an, und am 27. war der Durchzug so stark, daß von Morgens frühe 9 Uhr an bis in die sinkende Nacht die ganze Breite der Straße von Truppen, theils ohne, theils mit Waffen, bedeckt war. Kanonen, Munitions und Bagagewagen kamen in häufiger Menge durch. Die Soldaten quartierten sich schon militärisch ein; weil aber noch Lebensmittel in hinreichender Menge vorhanden waren, so ließen sie sich keine Gewaltthätigkeiten zu Schulden kommen. Am Abend des 27. bivouakirten in Schlüchtern und um die Stadt herum 12 bis 15000 Mann. Abends gegen 11 Uhr brachte ein Adjutant des Marschalls **St. Cyr** die Botschaft, die Kosacken seyen nur noch Eine Stunde entfernt, er selbst wäre von ihnen verwundet worden. Großer Allarm unter den Französischen Truppen und noch in derselben Nacht um 3 Uhr allgemeiner Aufbruch nach Gelnhausen.

Am Morgen des 28. sah man über die Gebirgshöhen zur linken Seite von Schlüchtern eine bedeutende Anzahl Oesterreichischer und Baierischer Kavallerie und Infanterie ziehen. Sie hatte die Absicht bei Salmünster auszubrechen, und die Franzosen abzuscheiden. Um 7 Uhr sprengten die ersten Kosacken zur Stadt hinein. Ihnen folgten mehrere einzelne Abtheilungen, und nicht lange darauf das ganze fliegende Korps von **Czernichef** und **Orloff-Denisov**, worunter Preußische und Oesterreichische Kavallerie war. Sie führten viele gefangene Franzosen mit sich, und nöthigten diese ihnen zu Fuße im vollen Trabe zu folgen. Oberhalb Schlüchtern wurde auf der Chaussee ein Verhau von Bäumen angelegt, um den Rückzug der großen Französischen Armee aufzuhalten. Diese drangen indessen unaufhaltsam vor. Mit Gewalt wurden nun alle Wohnungen sammt ihren Umgebungen eingenommen. Vier Tage hindurch währte der Rückzug. In dieser Zeit wurde im Städtchen alles rein ausgeplündert. Durch Vorsaz und Unachtsamkeit brach an mehreren Orten Feuer aus, welchem indessen durch die Thätigkeit der Einwohner Schranken gesezt wurde.

Kaiser **Napoleon** kam den 28. Oktbr. Nachmittags zwischen 3 und 4 Uhr in **Schlüchtern** an. Mit einer eigenen Vorsicht hatte man zum Aufenthaltsorte für den Monarchen nach einem feuerfesten Gebäude geforscht. Das Kloster wurde bestimmt ihn aufzunehmen. Die daranstoßenden Gärten, der Klosterhof, selbst die Mauerwiese u. s. w. bildeten den Bivouak der Garde, welchen die in der Stadt und in den nahgelegenen Dörfern befindlichen Truppen mitgerechnet, wohl 50 bis 60,000 Mann betragen haben mag. In den Umgebungen der Kaiserlichen Wohnung herrschte die größte Ruhe. Der Fürst von **Neufchatel**, welcher sein Zimmer auf dem ersten Vorplaz der Klosterwohnung hatte, ging ab und zu. Er und der Großstallmeister speisten mit dem Kaiser. Für das übrige zahlreiche Gefolge waren in andern Zimmern und Häusern Tafeln bereitet.

Hier trug sich eine Anekdote zu, welche mitgetheilt zu werden verdient.

Der Kaiser unterhielt sich eine geraume Zeit mit seinem Wirthe, dem Professor am dortigen Gymnasio. „Welche Stelle bekleiden Sie?“ fragte Er den Eintretenden, „lesen Sie die Messe? Wie lange ist das Kloster schon aufgehoben? Wie viel Besoldung haben Sie, und woher bekommen Sie solche?“ Auf die Antwort des Professors, daß der Gehalt zu seinem Lebensunterhalt nicht zureiche, er sich daher durch Erziehung junger Leute noch etwas zu verdienen suche, erkundigte sich der Kaiser nach der Anzahl seiner Zöglinge, nach den Lehrgegenständen und nach der Zahl der Professoren. „Ist das Volk mit dem Fürsten zufrieden?“ fuhr der Kaiser fort. Antw. Das Volk wünscht allgemein den Frieden. N. Gut, aber ich frage, ob das Volk den jetzigen oder den vorigen Fürsten lieber wünscht? Prof. Sire, ich rede mit Freimüthigkeit, die allgemeine Stimmung ist für den vorigen Fürsten. N. (mit Verwunderung sich zu dem Großstallmeister wendend) Hat das Volk etwa mehr Abgaben? — Jezt fragte der Kaiser noch nach der Stärke der den Morgen durchpassirten Kosacken, nach dem Inhalt der neuesten Zeitungen, namentlich den Marsch der Baiern betreffend, und nach der Zeit, wann die lezten Französischen Truppen von Schlüchtern aufgebrochen wären. Er entließ den Professor, und befahl, daß der Postmeister zu ihm gebracht werden solle.

Der expedirende Postmeister, der dem Andringen nicht länger zu widerstehen vermochte, hatte sich aber bereits am 27. nach R...... expedirt. Hier suchte er im väterlichen Hause Ruhe und Erholung von den Strapazen der letztern Tage und für manchen eingeärndteten Rippenstoß. Es erschien nun der andere Postmeister. Die Frage wegen der Ankunft des lezten Kouriers konnte er nicht befriedigend beantworten *). Er mußte ferner über die Straße nach Gelnhausen über ihren Zustand u. s. w. Auskunft geben.

Am 29. Oktbr. frühe zwischen 7 — 7½ Uhr verließ der Kaiser Schlüchtern. Er reiste mit eigenen Pferden, und wurde von zwei reitenden Postillons begleitet.

Knüpfen wir nun den vorhin abgerissenen Faden wieder an, um den Verfolg der Begebenheiten, welche unmittelbar in und um Hanau herum sich zutrugen, kennen zu lernen.

---

*) Noch in der Nacht vom 28. auf den 29. soll der Kaiser eine vom Marschall **Kellermann** aus Mainz abgefertigte Depesche erhalten haben.

Am 29. Oktbr. Morgens in der Frühe kam abermals eine Kolonne Franzosen etwa 4000 Mann von Gelnhausen herunter. Schon gegen 8 Uhr wurde ihre Infanterie und Kavallerie diesseits des Lamboywaldes sichtbar. Die Baiern waren dem Feinde auf der Gelnhäuser Landstraße entgegengeeilt, und hatten außerdem kleine Korps über das Wilhelmsbad und die Lamboybrücke ihm in die Flanken und in den Rücken geschickt. Man fieng an Kanonenkugeln zu wechseln, und zugleich wurde das kleine Gewehrfeuer hörbar. In den auf der Nord- und Nordostseite der Stadt gelegenen Häusern konnte man den Kampfplaz übersehen. Alle Bodenfenster, alle Thürme waren mit Zuschauern angefüllt. Die Franzosen hatten nicht mehr als zwei Kanonen *). Die eine derselben wurde durch den ersten Baierischen Schuß zum Schweigen gebracht, darauf nahm man beide im Sturme und das Gefecht hatte ein Ende. Schon gegen 11 Uhr Mittags sahen wir eine Menge von Gefangenen einbringen.

Früher gegen 10 Uhr kamen ungefähr 400 bis 500

---

*) Es waren erbeutete Oesterreichische, wie sich späterhin ergab, da sie erobert und hier eingebracht wurden.

Franzosen, welche einen Seitenweg von der Gelnhäuser Heerstraße eingeschlagen hatten, auf die Mühlschanze zu. Sie überschritten das Wehr, und nachdem sie die auf dem disseitigen Ufer der Kinzig aufgestellte Kavallerie zum Weichen gebracht hatten, drangen sie bis in die Judengasse und durch die entlegenen Straßen der Altstadt selbst bis in die Gegend der reformirten Kirche vor. Sie ergriffen aber sogleich die Flucht, als einige Kompagnien Baierischer Infanterie auf sie anrückten.

Ein Spion im Kapuzinergewande, welcher zu derselben Zeit, wo die Alliirten in Hanau einzogen, sichtbar geworden war, und alle Straßen durchschlichen hatte, wurde eingesezt.

Die Alliirten rückten mit einzelnen Kavallerie-Abtheilungen über Hochstadt bis Bischofsheim vor. Die Franzosen zogen sich unter leichten Vorpostenplänkeleien nach Bergen, und ihre auf der großen Heerstraße postirt gewesenen Truppen bis nach Frankfurt zurück.

Gegen Mittag kam der kommandirende Feldherr, **Graf von Wrede**, mit seinem Generalstabe an, und verlegte sein Hauptquartier in das hiesige Schloß. Auch die Generäle **Czernichef** und **Orloff** mit ihren Kosacken trafen ein *),

*) Diese Truppen hatten bei dem Rückzuge der Fran-

so wie der Obrist **Menzdorf** mit seinen Streifkorps. Mehrere Bataillons Oesterreichischer Grenadiere zogen unter klingendem Spiele mit fliegenden Fahnen ein. Die Baierische Kavallerie defilirte durch die Stadt, und es sammelte sich die ganze Armee um und in der Nähe von Hanau.

Die Division **Lamotte** war auf der Gelnhäuser Heerstraße vorpoussirt worden, und hatte das Dorf Langenselbold besezt. Gegen 3 Uhr Nachmittags zeigten sich die Franzosen disseits Rothenbergen. Sogleich stellten sich die Alliirten zwischen dem Walde, die Abtsecke genannt, und dem Dorfe Langenselbold in Schlachtordnung und führten zwei Batterien auf. Es kam zu einer Affaire; welche erst mit der Nacht endigte. Der linke Französische Flügel drang durch die Abtsecke

---

zösischen Armee gleichsam die Avantgarde **Napoleons** gebildet. Am 28. Oktbr. kam es zwischen ihnen und einer retirirenden Französischen Kolonne in Langenselbold zu einem kleinen Scharmüzel, wobei ein äußerst tragischer Auftritt sich ereignete. Eine Bauerfrau flüchtete, um sich den Mißhandlungen der Soldaten zu entziehen, mit ihrem vierjährigen Knaben über die Straße in einen entlegeneren Theil des Ortes. Ein unglücklicher Zufall brachte sie in die Nähe der Kämpfenden, und das Kind wurde auf dem Arme der Mutter erschossen.

vor. Die Baiern mußten befürchten abgeschnitten zu werden, und sahen sich aus diesem Grunde zu einer rückgängigen Bewegung gedrungen. Die Franzosen rückten näher heran, beschossen Langenselbold mit Haubizzen *), und nahmen das Dorf mit Sturm. Die Division **Lamotte** sezte sich bei dem Ausgange des Waldes, unfern des Dorfes Rückingen.

In Hanau war der übrige Theil des Tages ruhig vorübergegangen. Wir hatten weiter nichts Beängstigendes vernommen, und nur die Regsamkeit, welche unter den anwesenden höhern Militairpersonen herrschte, so wie das Wegbringen der Gefangenen, ließ uns muthmaßen, daß wir am Vorabende großer Ereignisse lebten.

Die Vertheilung der Truppen am 29. Oktober des Abends war folgende: Die Division **Lamotte** stellte sich zwischen dem sogenannten Puppenwalde und dem Isenburgischen Dorfe Rückingen, auf der Straße nach Gelnhausen auf. Die Divi-

*) Durch dieses Beschießen litt der Ort nicht, allein der Schaden, welcher durch Requisitionen und Plünderung für ihn und für die nahgelegenen Dörfer Langendiebach und Rückingen an diesem und den folgenden Tagen entstand, übersteigt nach glaubhafter Angabe die Summe von 400,000 Gulden.

sion **Beckers** lagerte vor der Stadt, und nahm das Terrain ein, auf welchem man sich am folgenden Tage schlug. Eine Oesterreichische Division stand ihr zur Seite. Die Division **Fresnel** befand sich außerhalb des Nürnberger Thores, auf der Straße nach Aschaffenburg, General **Rechberg** hatte sich mit seiner Division über Seligenstadt und Offenbach vorwärts bewegt, um die Wegnahme der Stadt Frankfurt von Sachsenhausen aus zu bewirken *). Die Kosacken bivouakirten bei Hochstadt, und ihre äußersten Vorposten dehnten sich bis in die Nähe von Bergen aus **). Der Rest der Armee aus Oester-

*) Am 30. Oktober wurde Frankfurt in der Frühe von den Baiern besetzt (wir erhielten diese Kunde während der Schlacht durch einige Magistratsperso- nen, welche von Geleitsreutern begleitet, hierher geeilt waren), aber in der folgenden Nacht wieder geräumt. Die Alliirten zogen sich auf das linke Ufer des Mains, zurück und trugen die Balken von dem hölzernen Theil der Sachsenhäuser Brücke ab.

**) Im letztgenannten Orte waren an diesem Tage ungefähr 2000 Franzosen, welche vor dem Hanauer Thore zwei Kanonen aufführten, am 30. Oktober Morgens 2 Uhr aber in aller Stille über Preungesheim und Bonamees abzogen. Seltsam ist es, daß während den Schlachttagen bei Hanau der Ort Vilbel, wegen der daselbst über die Nid-

Oesterreichischen Grenadieren bestehend, lag in der Stadt.

Kaiser **Napoleon** hatte unterdessen mit dem Gros seiner Armee den Rückzug fortgesetzt. Durch Gelnhausen drängten sich die Franzosen seit mehreren Tagen schon in dichten Haufen. Jedes Haus war in eine Schenke umgewandelt. Zu zwanzig und dreißig drangen die Soldaten in die Wohnungen, verlangten Essen, und wenn kaum der eine Haufe abgefüttert war, so erschien schon wieder ein anderer mit derselben Foderung. Dies währte bis den 28. Oktober Nachmittags gegen 3 Uhr. Noch war die Stadt voller Franzosen, theils bewaffnet, theils waffenlos, vielleicht einige Tausend an der Zahl. Auf einmal verkündigte ein lautes anhaltendes Hurrä-Rufen auf dem Markte die Ankunft der Kosacken. Ihrer achte waren zuerst in die Stadt gedrungen. Die Franzosen stürzten aus den Häusern, von der größten Angst ergriffen. Vergebens suchten die Offiziere, wenigstens in der Hauptstraße sie aufzuhalten. Auch sie wurden vom Strome, der sich in wilder Flucht besonders nach dem Hanauer

da führenden Brücke nicht unwichtig, von den Franzosen nicht besetzt wurde.

Thore hinwälzte, mit fortgerissen. Inzwischen kamen nun immer mehr und mehr Kosacken an, welche sogleich weiter ritten die Franzosen zu verfolgen. Es war das **Czernichefsche** Corps. Man schätzte seine Stärke zwischen 4000 bis 6000 Pferde. **Czernichef** selbst mit dem größten Theile desselben bivouakirte vor der Stadt auf beiden Seiten der Straße zwischen Gelnhausen und Lieblos, und nur eine Abtheilung mit einem Obristen blieb in der Stadt. Requisitionen aller Art wurden nun gemacht. Die Nacht war eine der angstvollsten für die Gelnhäuser. Nachdem der Stadtschultheiß aus seiner Wohnung geholt, und auf das Rathhaus geschleppt worden war, sollte die Bürgerschaft sich versammeln, um einige Arbeiten an dem Heizer-Thore und an der Papiermühle zu machen. Die Sturmglocke wurde gezogen, aber nur mit größter Mühe und durch den Vorgang einiger angesehenen Einwohner ermuntert, kamen die Bürger endlich zusammen. Von Kosacken zu beiden Seiten eskortirt, wurden sie an die genannten Orte geleitet, wo sie einen Theil der Nacht mit Aufwerfung zweier Schanzen, von denen aber nachher kein Gebrauch gemacht werden konnte, zubrachten. Eine Arbeit, deren Schreckliches in der ohnehin finstern und stürmischen Nacht noch dadurch vermehrt wurde, daß ein Kosack einen Bürger niederstieß, als dieser ein wenig aus der Linie trat. So nahete endlich der Tag, und die Kosacken verließen Gelnhausen. Dafür kamen am 29. Oktober gegen 9 Uhr hin, von den Anhöhen, über welche die Straße nach Franken zieht, — die Birkenhainerstraße genannt — Abtheilungen theils Oesterreichischer Jäger, theils Oesterreichischer und Baierischer Kavallerie. Man schätzte ihre Gesammtzahl auf ungefähr 2000 Mann. Nachdem sich diese Truppen in dem Walde zwischen Altenhaßlau und Hailer aufgestellt hatten, rückte die eine Hälfte ihres Vortrabes durch Altenhaßlau gegen das nahe Höchst hin, die andere besetzte die Landstraße am Heizerthore. Es währte nicht lange, so zeigten sich am Ausgange des Defilees bei Höchst die Spitzen der Französischen Colonnen. Die Jäger und leichte Kavallerie engagirten sich mit ihnen theils dort, theils in den Weinbergen von Gelnhausen, und die in Reserve aufgestellte übrige Kavallerie der verbündeten Truppen begab sich nach der sogenannten Schönau. Die Franzosen mochten 6000 bis 8000 Mann stark seyn. Nachdem man sich nun Eine Stunde lang geschlagen hatte, zogen sich die Deutschen vor den mehr und mehr sich anhäufenden Franzosen zurück, weniger durch ihre Menge dazu genöthigt, als durch zwei Kanonen, welche der Feind auf eine Anhöhe postirt hatte, und durch Mangel an eigenem Geschütz. Sie wurden bis in das Feld von Hailer verfolgt, jedoch dort, wo sie sich wieder aufstellten, nicht weiter angegriffen.

Nun begann die Französische Armee ihren Uebergang über die Kinzig auf zwei Brücken, nemlich auf der alten, die von den Kosacken Tags zuvor Theilweise abgetragen, aber von den Franzosen wieder hergestellt worden war, und auf einer zweiten neugebauten, wozu die zunächst liegenden Häuser den größten Theil ihres Bauholzes hergeben mußten. Ueber die alte Brücke, deren steinerne Bogen stehen geblieben waren, ging der Train, über die neue die Infanterie und durch die sogenannte Schönau, über die Ziegelhäuser Brücke, die Kavallerie, in deren Mitte sich der Kaiser **Napoleon** befunden haben soll *).

---

*) Als der Kaiser den Engpaß der Wertheimer *) Gegend unbesetzt fand, soll er gesagt haben: Der Paß ist frei, jetzt findet unser Uebergang über den Rhein kein Hinderniß.

*) Flecken zwischen Schlüchtern und Gelnhausen. Die Kinzig fließt im tiefen Thale, zu beiden Seiten schroffe Gebirge, die sich Stellenweise eng zusammenschließen.

Ununterbrochen dauerte nun der Zug fort. Truppen von allen Waffengattungen gingen bunt durch einander. Die Garde war noch im guten, ja in dem besten Zustande. Alles übrige schien aufgelöst und in der größten Unordnung.

Die Nacht trat ein. Eine der schrecklichsten, welche die Gelnhäuser jemals erlebten. Die Stadt wimmelte von Franzosen, welche mit gewaltsamer Hand in die Häuser drangen. Die meisten Einwohner wurden jetzt ausgeplündert *), und

---

*) Unter vielen uns bekannt gewordenen Zügen heben wir folgende aus. Eine blinde Frau von 76 Jahren, welche sich auf ihre Kammer geflüchtet hatte, wurde ausgeplündert, so auch mehrere Zimmer, in welchen sich Kranke befanden. Zu den geraubten Sachen gehören unter andern auch zwei schwarze Leichentücher und ein Ambos. Die beiden Apotheken wurden ausgeleert. Naphta, alle geistige Sachen, Honig, Säfte u. s. w. wurden verzehrt, und so fehlten viele Arzneimittel einige Tage hindurch gänzlich. Uebrigens muß man den meisten Offizieren die Gerechtigkeit wiederfahren lassen, daß sie der Plünderung, die sie zwar der Menge der Plünderer wegen nicht verhindern konnten, aus allen Kräften gesteuert haben. Ein Mainzer hat sich hierbei besonders ausgezeichnet. Eben so ein Amsterdammer, der, nachdem er seinen Säbel auf den Rücken und den Köpfen der Plündernden ganz zerschlagen hatte, mit Prügeln drein schlug, und so einen halben Tag lang eine ganze Straße schützte. Verleitet durch

um das Grausenvolle zu vermehren, brach in einer Scheune, wahrscheinlich durch die Unvorsichtigkeit der Fourragirenden, Feuer aus, gerade in demselben Momente, als der Artillerie-Train durchging. Die unglückliche Stadt schwebte in der höchsten Gefahr, die Scenen von Eisenach zu erleben; denn die Funken des Brandes fielen auf das Heu, welches auf die Munitionswagen gepackt war. Nur ein Umstand rettete Gelnhausen. Einer der dasigen Einwohner eilte zu dem General Friant, und bewog diesem zu dem Befehle, den Zug der Wagenburg eine andere Richtung nehmen zu lassen.

Am 29. Oktbr. Nachmittags gegen 3 Uhr langte der Kaiser **Napoleon** in Rothenbergen an. Er kehrte in der Dorfschenke ein, und unterhielt sich lange Zeit mit dem Wirthe in Deutscher Sprache. Namentlich erkundigte er sich nach der Aufführung seiner Soldaten.

Als die Affaire zwischen der Abtsecke und Langenselbold, deren Erfolg unsern Lesern bereits bekannt ist, vorüber war, setzte **Napoleon**

---

seinen edlen Eifer verweilte er zu lange, und wurde nahe bei der Stadt von den Kosacken gefangen genommen.

seinen Weg fort. Abends um 6 Uhr kam er zu Fuß mit seinen Garden in Langenselbold an, und nahm seinen Aufenthalt in dem Fürstlichen Schlosse. In seiner Begleitung sah man den Herzog von **Bassano**, den Prinzen von **Neufchatel**, die Marschälle **Macdonald** und **Augereau**, den General **Albert** rc.

Der Kaiser blieb bis zum folgenden Morgen um 8 Uhr. Er sprach mit vieler Heiterkeit, erkundigte sich nach den in Hanau anwesenden Truppen, nach deren Anführer u. s. w. *)

Nach dem Abzuge des Kaisers wurde das Schloß und das Dorf Langenselbold von Nachzüglern rein ausgeplündert **).

---

*) Ein Diensimädchen aus Langenselbold, von einer Französischen Kolonie aus der Nachbarschaft gebürtig, und deßhalb der Sprache kundig, war am 29. des Nachmittags in Hanau gewesen, und auf dem Rückwege von den Französischen Vorposten angehalten worden. Der Kaiser erfuhr dieses, ließ sogleich das Mädchen zu sich bringen, und unterhielt sich lange mit ihr.

) Eine ehrenvolle Erwähnung sind wir hier dem Marschall **Macdonald schuldig. Mit hoher Rechtlichkeit gewährte er, so lange er anwesend war, den Bedrängten Schutz, und äußerte die lebhafteste Theilnahme über die unglücksvolle Lage der Gegend.

Am 30. Oktbr. begann der blutige Kampf, welcher unserer Stadt für immer eine Stelle im Buche der Geschichte zusichert, und dessen Erinnerung die gegenwärtige Generation durch treue Erzählung auf Enkel und Urenkel fortpflanzen wird. Die Schlacht bei Hanau verdient um so mehr beachtet zu werden, da sie gleichsam das letzte Glied aus der Kette thatenreicher Gefechte ist, welche seit dem 17. August das ungetheilte Interesse von Europa gefesselt haben.

Morgens um 8 Uhr erfolgte der Angriff der Franzosen auf die Deutschen Vorposten in der Gegend von Rückingen. Hier stand die Division Lamotte, wie bereits oben gesagt worden. Man schlug sich mit gegenseitiger Tapferkeit, bis endlich die braven Baiern der überlegenen Macht weichen, und sich in die Schlachtlinie zurückziehen mußten.

Der rechte Flügel, ein Theil der Division Beckers, aus den Brigaden Pappenheim und Zoller zusammengesezt, stand auf beiden Ufern der Kinzig, von dem Vorwerke (dem Neuhof) an bis in die Bulauwaldung, parallel mit dem Rodenbacher Chausseehause. Hinter der Lamboybrücke befand sich Oesterreichische Infanterie zum Soutien dieses Flügels. Das Centrum — die andere

Hälfte der Division Beckers, eine Oesterreichische Division und die Division Lamotte — nahm den Raum zwischen dem rechten Ufer der Kinzig und der großen Heerstraße nach Gelnhausen ein, indem sie den Lamboywald en fronte vor sich hatte. Der linke Flügel, meist Kavallerie, war links der Gelnhäuser Landstraße nach dem Bruchköbeler und Puppenwald zu en échelons aufgestellt. Im Rücken des linken Flügels, auf der nach Friedberg führenden Chaussee, hielten die Kosacken. Die Reserve war hinter dem linken Kinzigufer längs dem Rodenbacher Hochwege postirt. Eine Oesterreichische Grenadier-Brigade hatte die inneren Plätze der Stadt besezt.

So stellte sich die Schlachtordnung *) von den Thürmen der Stadt dar, welche als treffliche Standpunkte an diesem denkwürdigen Tage stets mit Menschen angefüllt waren.

Um 10 Uhr begann das Gefecht mit einer leb-

*) Eine genaue Uebersicht derselben wird der von Hrn. Spangenberg mit lobenswerther Präcision und vieler Zierlichkeit entworfene Plan der Schlacht bei Hanau darbieten, welcher in kurzer Zeit von Felsings Meisterhand ausgeführt erscheint.

haften Kanonade auf der Straße nach Gelnhausen, wo bald an der Spitze des Lamboywaldes die Hauptmacht der Franzosen *) von dichten Massen zusammengedrängt erschien. Diese Massen entwickelten sich nicht sogleich, sondern man beschränkte sich darauf einander gegenseitig zu beobachten, und fuhr fort Kanonenkugeln zu wechseln. Um Mittag fing der Kampf im Centrum an. Immer furchtbarer und stärker, fast ohne alle Zwischenräume wurde jetzt der Kanonendonner, und schon konnte man in der Stadt deutlich das Zischen der Kugeln hören. Zu verschiedenenmalen drangen die Franzosen aus dem Walde hervor, wurden aber stets mit großem Verluste zurückgeworfen. Indessen sezten sie die Angriffe auf das Zentrum lebhaft und mit unerschütterlichem Muthe fort. Schon aus der Hartnäckigkeit des Gefechts ließ sich

---

*) Die Stärke der Französischen Armee war an diesem Tage über 60,000 streitbarer Männer und meist Kerntruppen, namentlich die ganze Kaiser-Garde. Die Kavallerie zählte 12,000 Mann, darunter viele Küraßiere und alte, aus Spanien zurückgekommene Regimenter. — Der in manchen öffentlichen Blättern verbreiteten Nachricht, es habe der Herzog von **Valmy** (**Kellermann**) eine bedeutende Reserve als Verstärkung hierher gesendet, können wir mit völliger Gewißheit widersprechen.

auf die Anwesenheit der Kaisergarden schliessen. Der Kommandirende fand sich veranlaßt das Centrum zu verstärken, und wir sahen mehrere Oesterreichische Regimenter unter Musik und fröhlichem Gesange dem Kampfplazze zueilen.

So blieb die Lage der Dinge bis gegen 3 Uhr des Nachmittags. Jezt brachen die Franzosen, lauter Kavallerie der Garde in dichten Massen, auf der Gelnhäuser Straße, zwischen dem Puppenwalde und dem sogenannten Eichelwäldchen hervor und stellten sich unter dem fürchterlichsten Kanonenfeuer der ihnen gerade entgegen stehenden Baierischen Hauptbatterie, mit einer unglaublichen Geschwindigkeit in drei Linien hintereinander auf. Die erste Linie stürzte sich sogleich auf die ihr gegenüber stehende Kavallerie, machte jedoch eine Seitenbewegung, und warf sich nun, von der Baierischen Kavallerie verfolgt, in die Infanterie der Alliirten. Während des Kavallerie-Angriffs und fast in demselben Momente, wo bei der Französischen Reuterei die Schlachtordnung formirt wurde, hatte sich im Rücken derselben eine Batterie von Zwölfpfündnern aufgestellt, welche gerade da zu spielen anfieng, als die französischen Reuter nach ihrer ersten Attake von der Baierischen Kavallerie verfolgt wurden. Der ganze linke Flügel der Verbündeten war jezt dem schrecklichsten Kugelregen ausgesetzt, und mußte deshalb den Rückzug antreten. Die Kavallerie des Centrums eilte zwar herbei, mußte aber weichen, da kein gesammter Angriff mehr möglich war."

Die Infanterie der Alliirten, welche während der ganzen Dauer der Schlacht mit ausgezeichnetem Muthe gefochten hatte, konnte jetzt, von ihrer Kavallerie nicht mehr unterstützt, und dem Andrange der ganzen feindlichen Masse ausgesetzt, nicht länger widerstehen. Der linke Flügel nahm seinen Weg über die Kinzigbrücke zur Stadt herein *). Die Franzosen rückten näher heran; rings um die Stadt erhob sich der Kampf. Fürchterlich rollte der Donner des Geschützes und schon wurden Häuser in den verschiedenen Quartieren der Stadt be-

*) Während dieses sich ausserhalb der Stadt zutrug, behielten die en reserve auf dem Neustädter Markt postirten Oesterreichischen Grenadiere noch immer ihre Stellung. Auf dem Rathhause befand sich der General von *. Zu diesem eilte sein Sohn, ein Jüngling, der wohl zum Erstenmale Zeuge eines Schlachtgetümmels seyn mochte. „Vater", sagte er, mit ängstlicher Bekümmerniß, „unsere Leute fliehen!" — „Ruhig mein Sohn", erwiederte der General lächelnd, indem er ihm auf die Achseln klopfte, „meine Grenadiere stehen noch."

Horace Vernet pinx. C.Doucker fc. Fkfrt

SCHLACHT BEI HANAU
den 30 October 1813.

BATAILLE DE HANAU
le 30 Octobre 1813.

schädigt *). Jetzt begann für die Bewohner Hanau's ein schrecklicher Moment. Alle Straßen waren mit Kriegern bedeckt. Hier wanderten Verwundete dem Hospitale zu, Sterbende und Todte wurden hereingebracht, dort flüchteten unglückliche Landleute den Rest ihrer Habe zu ihren städtischen Bekannten und Freunden. Immer näher wälzte sich das Gewühl der Schlacht; mit jedem Augenblick wurde unsere Lage gefahrvoller. Man sah dem Eindringen der Franzosen von einer Minute zur andern entgegen, und fürchtete den Kampf in den Straßen der Stadt. Alles floh in Keller und Gewölbe, oder versammelte sich wenigstens in den untern Stockwerken.

Während sich dieses auf dem linken Flügel der Alliirten und im Innern der Stadt zutrug, trat auch das Centrum seinen Rückzug über die Lamboy-Brücke an. Dieser Theil der **Wredischen** Armee war es, welcher am meisten gelitten hatte und selbst die Retirade war noch mit einem bedeutenden Verluste verbunden. Die Brücke, über welche man den Weg nahm, war schmal, das Holzgeländer leistete nur einen geringen Widerstand, das Gedränge war groß, und so fand mancher brave

*) Namentlich fielen mehrere Haubitzen in das Schloß.

Krieger in den Fluthen der tiefen Kinzig seinen Tod. Ein Bataillon des Oesterreichischen Regiments Jordis und mehrere Hundert Bajern wurden von der Französischen Kavallerie nach der Gegend der sogenannten Herrnmühle hingedrängt *). Sie versuchten es, über das Wehr in die Stadt zu dringen und viele von ihnen verunglückten dabei **). Der rechte Flügel war nur Theilweise im Gefecht und vorzüglich mit Französischer Infanterie engagirt gewesen.

General Czernichef, welcher seine Kosacken zwischen dem Kohlbrunnen-Schlag und dem Pup-

---

*) Bei diesem Angriffe chargirte ein Kürassier-Regiment auf ein Bataillon Baiern, welches sich en quarré aufgestellt hatte. Der Obrist der Kürassiere sprengte weit vor seinen Reutern voran, und durchbrach zuerst die Reihen der Infanterie. In dem Augenblicke, wo er sich an der Spitze seines Regiments wieder schwenken wollte, fiel er, getroffen von einem Baierischen Jäger, welcher in einem nahen Busche versteckt war, und fallend sah er sich nach dem Schützen um, der ihm das Todesblei gesendet hatte.

**) Der wackere Mühlenbeständer Koch rettete einige Hundert Krieger dadurch, daß er mit Gefahr seines Lebens die Schleusen unter den größten Kugelregen zusetzte, und den Uebergang über das Wehr möglich machte.

penwalde aufgestellt hatte, nahm die Französische Kavallerie in die Flanke, als diese die Charge auf den linken Flügel der Kavallerie der Alliirten machte, hielt ihre Operationen dadurch bedeutend auf, und war so für die sich zurückziehende Infanterie von wesentlichem Nutzen. Die eingebrochene Nacht machte dem schrecklichen Kampfe ein Ende, und es schienen auf Augenblicke die feindlich einander bekämpfenden Gewalten versöhnt.

Die Heere der Verbündeten bezogen ein Bivouak in der Gegend der Aschaffenburger Straße, nahe bei dem Pachtgute, der Lehrhof genannt. Die Oesterreichische Brigade rückte auf den Neustädter-Markt, und blieb hier die Nacht hindurch unter dem Gewehre.

Aus der Mühlschanze, demselben Punkte, wohin bei der Retirade der Alliirten das Bataillon Jordis und ein Theil der Baierischen Infanterie gedrückt worden waren, und einen Uebergang über das Wehr versucht hatten, waren indessen alle Truppen abgezogen. Die geflüchteten Mühlenbesitzer wollten nach ihrem Eigenthume zurückkehren, und erhielten zu ihrer Sicherheit eine militairische Begleitung. An dem demolirten rothen Thore wurden sie von Französischen Vorposten angerufen, welche über das Wehr eingedrungen waren, und die Mühlschanze besetzt hatten. Die Eskorte wurde zum Theil gefangen genommen, die Bewohner der Mühlengebäude eilten nach der Stadt zurück. Die Franzosen, welche nur einzeln bis in die Judengasse vorgedrungen waren, wurden jedoch durch die gegen sie abgeschickten Truppen sehr bald wieder daraus vertrieben, und Theilweise zu Gefangenen gemacht. Früher hatte eine Abtheilung der in der Mühlschanze befindlichen Franzosen durch die Haingasse zu dringen gesucht, und es kam unfern des Hospitalthores zu einem kleinen Gefechte.

Der Neuhof, ein in Viertelstündiger Entfernung von der Stadt, nahe bei der Kinzig gelegenes Vorwerk, war schon während der Schlacht in Brand geschossen worden. Roth und blutig loderte jetzt die Flamme am östlichen Himmel empor, und das furchtbar schöne Schauspiel wurde durch die Dunkelheit der Nacht noch mehr gehoben.

Indessen war es im Innern der Stadt ruhiger geworden. Man schmeichelte sich mindestens einen Theil der Nacht in sorglosem Schlafe hinbringen zu können. Niemand glaubte, daß wir erst am Vorabend schauervoller Schreckensscenen waren, keiner glaubte, daß wir noch den ärgsten Kampf zu bestehen hätten. Es geziemt indessen dem Erzähler nicht, den Begebenheiten voranzueilen, folgen wir darum dem Faden der Geschichte. Mit-

Mitternacht war vorüber. Gegen zwei Uhr schreckte uns der Kanonendonner auf. Die Franzosen fiengen an die Stadt mit Haubitz-Granaten zu beschießen. Sehr bald standen die Hintergebäude des reformirten Waisenhauses und die benachbarte Wohnung, zum schwarzen Bären genannt, in Flammen. Schuß fiel auf Schuß. Jezt brach auch in der Judengasse Feuer aus. Gräßlich war das Wimmern, das Angstgeschrei der Verwundeten. Die Häuser bebten, die Fenster klirrten. Glut und Dampf erfüllten die Straßen. Alles schien Tod und Vernichtung zu drohen. Eine augenblickliche Pause wurde benuzt, um Löschanstalten zu treffen. Diese Stille war indessen nur der Vorbote eines neuen Sturmes. Gleich darauf fieng der Donner des Geschützes mit vergrößerter Gewalt an. Der Kugelregen war dichter als zuvor. Dann wiederum eine Pause. Es gelang hin und wieder den Brand zu gewältigen. Nun blieb alles ruhig bis gegen Morgen. Ein dumpfer Ernst, eine stille Trauer waren über die Stadt verbreitet. Und als der Morgen dämmerte — welch' ein Wiedersehn nach der Schreckensnacht!

Mit scheuem Blicke schlichen die Bürger aus ihren Wohnungen hervor. Die öffentlichen Plätze, die Straßen waren frei von Truppen. Hier und da sprengten nur noch einzelne Oesterreichische Husaren auf und nieder. Alles staunte, keiner wußte sich das Räthsel zu lösen. Jeder schwebte zwischen Furcht und Hoffnung. Auf einmal entstand die Sage, die Franzosen hätten sich zurückgezogen, von den Szeckeler Husaren wäre ein Ausfall gemacht worden, und sechs eroberte Kanonen wären die Frucht ihres muthigen Kampfes gewesen. Dann verbreitete sich das Gerücht, **Blücher** sey im vollen Anzuge über Friedberg. Alles strömte hin zum Kinzig-Thore, um den Helden Preußens zu begrüßen, dessen greises Haupt mit unverwelklichem Lorbeer geschmückt ist. Jetzt kam die Kunde, Fürst **Schwarzenberg** sey mit der großen Oesterreichischen Armee bereits bis in den Lamboywald vorgedrungen. Seltsam kontrastirte mit allen diesen Nachrichten die Stille, welche fortdauernd in Hanau herrschte. Gegen 8 Uhr erfuhr man endlich mit Gewißheit, daß der kommandirende General zur Schonung der Stadt die Oesterreichische Besazzung herausgezogen hatte. Die Franzosen rückten im Sturmschritte unter heftigem kleinem Gewehrfeuer herein. Sie durchzogen die brennenden Straßen. Die zum Löschen herbeigeeilten Einwohner entflohen, und Vieles, was noch hätte gerettet werden können, mußte den Flammen Preiß gegeben bleiben.

Während alles dieses im Innern der Stadt sich zutrug, und in demselben Augenblicke, wo die Franzosen anfiengen mit Haubitz-Granaten zu schießen, machten sie auch einen lebhaften Angriff auf die Lamboyische Brücke, um hier über die Kinzig vorzudringen, und sich auch von dieser Seite mit der Stadt in Verbindung zu setzen. Die Schlachtordnung des alliirten Heeres erstreckte sich nun aufwärts der Kinzig nach den Freigerichter Bergen hin, so daß die Linie die Aschaffenburger Straße durchschnitt. Der linke Flügel hatte die Stadt Hanau in einer Entfernung von ungefähr 800 Schritten, der rechte die Lamboybrücke, etwa eine Viertelstunde weit, in der Fronte vor sich. Die Franzosen warfen ihre Hauptmacht auf den rechten Flügel der Oesterreichisch-Baierischen Armee, und drückten ihn nach dem Ufer des Mayns zu.

Man vernahm das Schlachtfeuer stärker als Tags zuvor. Lauter und immer lauter tobte das Gewühl des Kampfes. Die Verbündeten warfen die Franzosen zurück. Mit ihrem rechten Flügel und mit dem Centrum rückten sie weit über die Stellung hinweg, welche sie früherhin eingenommen hatten. Ihr linker Flügel stand unbeweglich. Vor den Thoren nach Aschaffenburg und Steinheim zu plänkelte die Kavallerie *). So behaup-

*) Auf dem Wege, der an dem Lavater'schen Garten hin nach dem Mayndamme führt, kamen drei Baierische Offiziere geritten. Die am Steinheimerthor befindliche Französische Schildwache legte auf die Offiziere an, und einer derselben stürzte sogleich todt nieder. Die beiden andern sprengten davon. Jetzt liefen die übrigen Französischen Soldaten zu dem Gefallenen, schleppten die Leiche nach dem Thore hin, plünderten und entkleideten sie. Mittags als die Franzosen aus Hanau vertrieben wurden, und auch das Steinheimerthor wieder in die Hände der Alliirten kam, verweilten viele Baierische Krieger bei dem Leichnam. Sie bedeckten ihn mit Küssen und Thränen, und versicherten alle, der Gebliebene sey ein edler, hochherziger Mann gewesen. Von Hanauer Bürgern wurde der entseelte Körper an der Brücke des Steinheimerthores begraben. Einige Tage später kam ein Baierischer Offizier und befragte sich bei dem Thorschreiber über die nähern Umstände jener Begebenheit. Er äußerte dabei den Wunsch, man möge die Leiche noch einmal ausgraben, um so zu der traurigen Gewißheit zu gelangen, daß der Gebliebene einer seiner vertrautesten Freunde wäre, wie er zu glauben Ursache hatte. Sogleich erboten sich mehrere Einwohner ihm diesen Dienst zu leisten. Das Grab wurde geöffnet, und heiße Thränen flossen über die Wangen des Kriegers, als er das wohlbekannte Freundes-Antlitz, entstellt durch des Todes Züge, sahe.

teten sich beide Theile den Vormittag und selbst einen Theil des Nachmittags hindurch. Im Centrum wurde fortgefochten. Die Kanonade war anhaltend.

Kaiser **Napoleon**, welcher die Nacht im Lamboywalde bivouakirt hatte, und von hier aus die Schlacht befehligte *), sendete Morgens nach 8 Uhr

---

Diese jammervolle Scene hatte viele Zuschauer herbeigelockt. Alle äußerten die herzlichste Theilnahme, kein Auge blieb trocken. Einige der Umstehenden fragten den Offizier, ob er die Leiche auf dem Friedhofe beerdigt zu wissen wünschte. Er verbat dieses, indem er äußerte, daß sein Freund auch an dem Platze ruhen möge, wo er gefallen sei. Als man nun die Leiche wieder mit Erde zu bedecken sich anschickte, trat aus der Menge der Zuschauer ein liebliches Mädchen hervor, und breitete unter heftigem Weinen ihr Taschentuch über das Gesicht des gefallenen Helden. Die Zartheit dieser Handlung ergriff alle die Umstehenden auf das Innigste.

*) Den 30. Oktober gegen Mittag kamen drei Husaren von der Kaisergarde nach **Langendiebach**. Sie bedeuteten den Dorfschultheißen, daß er ihnen sofort zum Kaiser folgen solle. Der Mann weigerte sich, und äußerte, er müsse die Plünderung seines Hauses befürchten, wenn dasselbe von ihm verlassen würde. Zwei der Husaren erboten sich als Sauvegarde zurückzubleiben, und nun folgte der Schultheiß dem dritten. Man brachte ihn zu **Napoleon**, welcher auf einem Gebund Stroh unter ei-

einen seiner Adjutanten nach Hanau. Dieser gab dem Präfekten zu erkennen, daß er sich wundere, ihn noch nicht mit dem Munizipalrathe bei Seiner Majestät gesehen zu haben, um dem Kaiser die Ehrfurcht der Stadt zu bezeugen. Man entschuldigte sich damit, daß man von der Anwesenheit Seiner

---

nem Baume an einem Wachtfeuer saß, welches er häufig selbst unterhielt. Der Kaiser trug einen einfachen grauen Oberrock und einen Huth ohne alle Auszeichnung. Vor ihm lagen Landkarten ausgebreitet, in den Händen hatte er einen Taschen-Atlas und ein Fernrohr. Er fragte über die Entfernung mehrerer nahegelegener Dörfer, namentlich aber: ob man nicht bei Hanau vorbeikommen könne, ohne der Chaussee zu folgen. Der Schultheiß mußte über fünf Stunden bei Napoleon verweilen und ihn bis tief in den Wald begleiten. Der Kaiser ritt auf einem kleinen weißen Pferde und pfiff häufig mit dem Munde. Als er den Landmann entließ wagte dieser, welcher sich mit dem Monarchen durch das Organ des Großstallmeisters unterhalten hatte, die Bitte um eine Sauvegarde für sein Dorf. Napoleon antwortete nicht, als aber das Gesuch noch einmal wiederholt wurde, sagte er mit finsterm Blicke: Levefbre hat dazu die nöthigen Befehle. Er wird für Alles gesorgt haben. Als indessen der Schultheiß in seine Heimath zurückkehrte, fand er den Ort rein ausgeplündert und selbst seine Hütte war von den beiden als Sauvegarde zurückgebliebenen Husaren geleert worden.

Majestät im Walde keine Kenntniß gehabt hätte, und sogleich mußten der Präfekt, sein General-Sekretair und ein Präfektur-Rath, in Begleitung des Adjutanten und eines Gensdarmen, die Wanderung antreten. Sie fanden die Gelnhäuser Heerstraße mit retirirenden Franzosen bedeckt. Alles schritt in dichten Haufen, Mann an Mann gedrängt, aber ohne Ordnung, ohne bestimmte Absonderung. Der Kaiser saß im Puppenwalde zwischen zwei mit Blau ausgeschlagenen Zelten, in deren Mitte ein Wachtfeuer brannte, auf einem Feldstuhl von rothem Saffian. Er war zunächst umgeben von seinen Marschällen, Generälen und den Großen seines Hofes. Um diese stand ein Kreis von Offizieren mit gezogenen Degen, weiter vorwärts befanden sich Posten von der Grenadier Garde. Als der Präfekt und seine Begleiter von dem Adjutanten waren vorgestellt worden, sagte **Napoleon**: „Sie sind der Präfekt von „Hanau? Diese ist die schlechteste Stadt in „Deutschland. Die Bürger haben die Oesterreicher „und Baiern mit Hurrah- und Vivatrufen em„pfangen. Ich weiß, daß ich sie nicht zwingen „kann, die Franzosen zu lieben; allein ich dächte, „es wäre Prinzip der Klugheit, es mehr mit „Frankreich, als mit Rußland zu halten. Jenes

„Reich liegt näher, und vermag darum leichter „Schutz und Hülfe zu leisten. Zur Strafe habe „ich in der vergangenen Nacht die Stadt mit Gra„naten begrüßen lassen. Hat das Feuer viel „Schaden gethan?" — Man schilderte die Verwüstung, welche Folge des Bombardements gewesen war. — Der Kaiser fuhr fort: „Es lag in „meinem Willen, die Hälfte der Stadt zu verbren„nen." *). Der Präfekt stellte vor, wie gastfreundlich Hanau seit sieben Jahren die Krieger Frankreichs aufgenommen, mit welcher Ergebenheit die Stadt die zahllosen Lasten getragen habe, welche das Kriegsgeschik ihr zuführte. Er bat den Kaiser, an das Urtheil irgend eines der anwesenden Marschälle oder Generäle, welcher mit der Stadt und ihren Verhältnissen näher bekannt wären, appelliren zu dürfen. Jetzt rief der Kaiser: **Augereau**, und mit einer ehrfurchtsvollen Verbeugung trat der Marschall hervor. „Sie haben die„ses Land noch kürzlich gouvernirt", sagte **Na„poleon**, was können Sie mir über die Einwohner

---

*) In Frankfurt soll **Napoleon** noch an demselben Tage geäussert haben, daß ihm die Züchtigung der Stadt Hanau leid sei, indem er durch unwahre Berichte getäuscht worden wäre.

„sagen." **Augereau** sprach lange und mit Wärme für die Hanauer und lobte namentlich die Rechtlichkeit und den Eifer der Behörden. „C'est „bon", schloß der Kaiser, „je sais que les magi„strats sont de braves gens, mais la bourgeoisie „est de la canaille *), und so mag die Stra„fe für diesesmal genügen. Jetzt lasse ich die „Stadt unter dem Joche der Kosacken, ändert sie „ihr Betragen nicht, so werde ich seiner Zeit sie „noch härter züchtigen."

Nun trat **Napoleon** in sein Zelt, und der Großstallmeister **Caulincourt** nahm das Wort. Er wollte Nachrichten von der Stärke der feindlichen Armee haben, und hören welcher General die Baiern kommandire. Er forschte nach den Namen der in der Schlacht vom gestrigen Tage verwundeten Stabsoffiziere, namentlich fragte er, ob **Wrede** blessirt sey. Sodann trat er in des Kaisers Zelt, um diesem zu referiren. **Napoleon** kam wieder heraus, lehnte sich nachlässig auf den Feldstuhl, und **Caulincourt** fuhr in seinen Fragen in Deutscher Sprache fort, welche,

---

*) Schon gut, ich weiß, daß die Behörden rechtliche Leute sind, aber die Bürgerschaft besteht aus Gesindel, das zu Unruhen geneigt ist.

dem erhaltenen Befehl zufolge, auch Deutsch beantwortet werden mußten. Speziellere Nachrichten über den Stand der verbündeten Armee waren der Inhalt des Gespräches. Ein Adjutant kam herangesprengt mit der Meldung, daß Frankfurt von den Oesterreichern und Baiern besetzt sey. Der Kaiser erwiederte rasch: tant mieux, rief: Berthier! und gab dem herantretenden Prinzen von Neufchatel die Ordre, daß sogleich eine Division vorwärts marschieren solle. Darauf entließ er den Präfekt. Dieser ersuchte den Großstallmeister, die Stadt der Gnade Seiner Majestät zu empfehlen. Eine Bitte, welche Caulincourt auf die humanste Weise erfüllte. Napoleon schwieg, der Präfekt und seine Begleiter kehrten nach Hanau zurück.

Während man sich noch immer auf der Ost-Seite der Stadt schlug, defilirten die Franzosen den ganzen Tag über in gedrängten Massen an der Kinzigbrücke vorüber. Ihr Rückzug ging theils über Wilhelmsbad und Hochstadt, theils folgte er der großen Heerstraße. Schon um 11 Uhr Morgens erreichte die leichte Französische Kavallerie die Stadt Frankfurt. Sie führte Tirailleurs bei sich, welche sogleich nach der Sachsenhäuser Brücke eilten. Es begann eine Kanonade, die bis zum

Morgen des folgenden Tages dauerte. Von den beiden auf der Brücke befindlichen Mühlen ging die eine in Flammen auf, die andere wurde bedeutend beschädigt. Sachsenhausen wurde aus drei Batterien beschossen, wodurch dieser Ort viel gelitten.

Ein Theil der Avantgarde, zwei Französische Regimenter, meist aus Italienern *) bestehend, hielten diesen Tag über Hanau besezt, zumal die Hospitalstraße, das Nürnberger und Steinheimer Thor und den Neustädter Markt. Die Nürnbergerstraße wurde durch eine Wagenburg gesperrt. So blieb die Stadt über sieben Stunden in der Gewalt der Franzosen. In allen Straßen trieben sich ausgehungerte Soldaten herum, und erlaubten sich manche Exzesse, wie dieses zumal bei den Pohlnischen Lanziers der Fall war. Unverkennbar war indessen das Bestreben der meisten Offiziere **) und der stets patrouillirenden Gensdarmen, diesen Unordnungen Einhalt zu thun, und ihren ernstlichen Maßregeln ***) hat manches Haus seine Rettung

*) Die Ueberreste zweier Divisionen.

**) Namentlich einiger Adjutanten des Herzogs von Reggio (Oudinot).

***) Mehrere Französische Offiziere, welche in früherer Zeit hier einquartiert gewesen waren, suchten die von der Plünderung zu verdanken *). Allein auch hier sprach sich der Mangel an Subordination aus, der in der Regel im Gefolge retirirender Armeen ist. So erzählt man, daß einer von dem Adjutanten des Marschalls **Macdonald**, welcher in der Vorstadt verweilte, von den Truppen mißhandelt wurde, als er sie von der Plünderung abhalten wollte.

Kaiser **Napoleon**, welchen wir, im Lamboywalde verliessen, hatte sich unterdessen mit seinen Garden in Bewegung gesetzt. Er beugte unweit Hanau von der großen Heerstraße aus, indem er einen über Wilhelmsbad führenden Seitenweg einschlug, und erst in der Gegend des Mainankers die Frankfurter Chaussee wieder erreichte. Nachmittags um drei Uhr kam der Kaiser in Frankfurt an, und verlegte sein Hauptquartier in das

---

Häuser ihrer vormaligen Wirthe auf und lohnten durch treuen Schutz die empfangenen Wohlthaten.

*) Ein General hieb einen plündernden Soldaten auf der Stelle zusammen. — Eine Dame, welche über die Straße eilte, verlor ihren Arbeitsbeutel, in dem ihre Börse war. Ihr folgte ein Französischer Soldat auf dem Fuße, und bemächtigte sich des Beutels. Dieses sah ein in der Nähe befindlicher Offizier, jagte ihm die Beute ab, und brachte solchen in das Haus zurück, in welches die Dame getreten war.

Bethmannische Landhaus. Alle Französische Truppen zogen an der Stadt vorbei, und bivouakirten in der Nähe derselben. Mit Ausnahme eines Theils der Avantgarde, der Marschälle, Generäle, der Verwundeten und Kranken, der Equipagen des Kaisers und der Eskorte derselben (die Eliten-Gendarmerie und ein Bataillon Infanterie) kamen keine Truppen durch die Thore von Frankfurt. Nach einem Aufenthalte von ungefähr anderthalb Stunden verließ der Kaiser Frankfurt, und begab sich nach Höchst, einem Nassauischen Städtchen zwei Stunden von Frankfurt auf dem Wege nach Mainz.

Gegen drei Uhr zeigte sich in der Linie der Alliirten auf dem Schlachtfelde bei Hanau eine mehr als gewöhnliche Bewegung. Die einzelnen Kolonnen ordneten sich, die Artillerie rückte vor, kein Zweifel mehr, es galt einen Angriff auf die Stadt. Unter mörderischem Feuer und furchtbarem Hurrahgeschrei erstürmten die Oesterreichischen Jäger und Grenadiere das Nürnberger Thor, und die Eroberung von Hanau war das Werk weniger Minuten. Nun durchzogen die Alliirten in gedrängten Kolonnen die Stadt, furchtbar war der Sturm, zumal in der Nürnberger und Frankfurter Straße. Sie eilten der Kinzigbrücke zu. Man schlug sich am Ausgange der Vorstadt. Noch hatten die Franzosen die Brücke besetzt, und jenseits derselben sich in Massen aufgestellt. Auf dem Bruchköbeler Wege, da, wo die Kastanien-Allee endigt, waren Haubitzen aufgeführt. Jetzt trat für die Alliirten ein schmerzhafter Augenblick ein. Ihr Heerführer, der heldenmüthige Wrede, welcher beim Sturme stets voran gewesen war, und an der Spitze der Grenadiere mit edler Kühnheit gefochten hatte, fiel durch einen Flintenschuß in den Unterleib tödtlich verwundet unfern des Margarethen-Thurmes. Die Brücke war mit Leichen bedeckt. Die Franzosen warfen einen Hagel von Haubitzen aus ihrer Batterie am Bruchköbler Wege in die Vorstadt, und im Moment stand sie zur Hälfte in Flammen. Die Baiern rückten im Sturme vor, Rache heischend für den Fall ihres hochverehrten Führers. Die Brücke wurde genommen. Oesterreichische Husaren setzten durch die Kinzig, und jetzt ergriffen die Franzosen die Flucht, steckten jedoch zuvor den hölzernen Theil der Brücke in Brand, wodurch die Infanterie von ihrer Verfolgung abgehalten wurde. Das Feuer in der Vorstadt nahm immer mehr überhand. Die Franzosen fiengen an, auch nach den übrigen Quartieren der Stadt Haubitzen zu werfen. Es brannte an vie-

Fried. Brauer del.   J. G. G. Lasdy   C. Dencker fc. Ffrt.

SCHLACHT BEI HANAU
den 31 October 1813

BATAILLE DE HANAU
le 31 October 1813

len Punkten. Der Augenblick war fürchterlich! Ein ungeheures Feuergeschrei durchtobte alle Straßen. Unsere Bangigkeit stieg mit jeder Minute. Schrecklich war hier versinnlicht, was der Sänger des Liedes von der Glocke im Bilde uns darstellt.

Hört ihrs wimmern hoch vom Thurm?
Das ist Sturm!
Roth wie Blut
Ist der Himmel,
Das ist nicht des Tages Glut!
Welch Getümmel
Straßen auf!
Dampf wallt auf!
Flackernd steigt die Feuersäule,
Durch der Straße lange Zeile
Wächst es fort mit Windeseile,
Kochend wie aus Ofens Rachen
Glühn die Lüfte, Balken krachen,
Pfosten stürzen, Fenster klirren,
Kinder jammern, Mütter irren,
Thiere wimmern
Unter Trümmern,
Alles rennet, rettet, flüchtet,
Taghell ist die Nacht gelichtet.

Neuer Feuerlärm in der Gegend des Waisenhauses. Man hatte über den Schreckensscenen im Innern von Hanau das Unglück der Bewohner der Vorstadt vergessen, und ohnehin war an keine ernste Löschanstalten zu denken, denn dort standen die Truppen so gedrängt, daß kein Durchkommen möglich war, aus allen Fenstern wurde von Tirailleurs geschossen, und zudem noch drohte der anhaltende Kugelregen für jeden Tod und Verderben. In dumpfer Verzweiflung sahen die redlichen Bürger ihr lang Erspartes in der Vernichtung Flammen zusammen sinken.

Indessen hatte die Nacht längst schon ihre Fittige über die unglücksvolle Stadt gebreitet, welche zum Schauplatz blutiger Gefechte auserkohren war. Gegen acht Uhr hörte das Schießen auf. Die Vormitternacht ging ruhig vorüber.

Es dürfte nicht unpassend seyn, hier noch einige Nachrichten über dasjenige einzuschalten, was, nachdem der Kaiser mit dem Gros der Französischen Armee bei Gelnhausen vorüber gezogen war, in dieser Stadt und in der umliegenden Gegend Wissenswürdiges sich zugetragen hat.

Am 30. Oktbr. sahen die Gelnhäuser eine Wiederholung der Scenen vom vorigen Tage. Was nicht schon geplündert war, wurde jezt geplündert, und nur außerordentliches Glück, oder die Bravheit einzelner Offiziere schüzten hier und da ein Haus. Der Zug ging noch immer unordentlich untereinander

fort,

fort, ja er schreckte am Ende auch durch das Eckelhafte seines Anblicks zurück, so blaß, schmuzig, abgehungert und entstellt waren die meisten Soldaten. Es verdient indessen bemerkt zu werden, daß selbst diese wandelnden Leichen häufige Versuche zum Plündern machten. Allein jetzt fing man an, Gewalt mit Gewalt abzutreiben. Die meisten Bürger, aufs äußerste gebracht und ermuntert durch die Aufforderung der Offiziere vom höchsten Range, stellten sich mit Knüppeln, Säbeln u. s. w. bewaffnet an ihre Thüren, jede Bewegung nach einem Hause zu mit der Drohung zuzuschlagen zurückweisend.

Unterdessen war die Arriergarde unter Marschall **Mortier** gegen 14000 Mann stark in Gelnhausen angelangt. Hier sahe man Truppen von beinahe allen Waffengattungen, auch führte diese Abtheilung der Armee 30 Stück Geschütz bei sich. Nachdem die letzten Traineurs — am 31. gegen Mittag — über die Höchster Brücke herüber waren, wurde diese abgebrochen, und zwei Compagnien Jäger und Tirailleurs mit zwei Kanonen blieben zur Vertheidigung zurück. Auch an der Ziegelhäuser so wie an der hintern Burgbrücke waren ungefähr zweihundert Mann aufgestellt, ohne sich jedoch an beiden Orten lange halten zu können. Denn ein Korps von Oesterreichischen Husaren, von Preußischen und Russischen regulirten Kosacken, das inzwischen angekommen war, griff die Brücken von vorn an, und zu gleicher Zeit setzte ein Theil desselben an mehreren Orten durch die Kinzig, so daß sich die Franzosen eiligst nach der Stadt zurückziehen, und die Verbrennung der Brücken, welche bereits angezündet worden waren, unterlassen mußten. Es hatte nun noch ein kleines Gefecht in den Straßen statt, worauf die Franzosen Gelnhausen gänzlich verließen. Inzwischen waren sie auf ihrem Marsche von Kosacken und Jägern umschwärmt, und an verschiedenen Punkten wurden ihre Kolonnen durchschnitten. Um sich vor diesen Neckereien zu schützen, steckten sie die sogenannte Neue Brücke bei Rothenbergen in Brand. Indessen war Prinz **Biron von Kurland** in Meerholz angekommen. Er ließ die abgetragene Brücke bei der Kinzigmühle wieder herstellen, und die sich zurückziehende Arriergarde der Franzosen vom jenseitigen Ufer mit Kanonen beschießen.

Kehren wir nun auf einen Augenblick zum Schlachtfelde zurück. Nach der Einnahme von Hanau drang auch der rechte Flügel der alliirten

Armee vor, warf sich mit Lebhaftigkeit auf den linken Flügel der Franzosen, und drängte ihn über die Lamboyische Brücke zurück. So wurde auch auf dieser Seite der Stadt Ruhe *).

Die Französische Arriergarde, unter den Befehlen des Herzogs von Treviso, erreichte gegen Abend die Stadt Frankfurt, zog bei derselben vorüber, und setzte am Morgen des folgenden Tages ihren Rückzug nach Mainz fort.

---

*) Bei dem Rückzuge einer Französischen Kolonne mußte ein hiesiger Schneidermeister als Wegweiser dienen. Ein Chasseur hatte sich seiner bemächtigt, und ihn vor das Thor seinem General zugeführt, welcher über mancherlei Gegenstände Auskunft verlangte, ohne jedoch eine befriedigende Antwort erhalten zu können. Der Schneider bat dringend, zu seiner Frau und seinen Kindern zurückkehren zu dürfen. Endlich klagte er, daß er vor Hunger nicht weiter zu gehen im Stande sey. Da zog einer der Adjutanten des Generals ein Stück Kuchen aus der Tasche, theilte dieses mit dem Schneider und erlaubte ihm in den Scheoß seiner Familie zurückzukehren. Als dieser aber durch die Fasanerie seiner Heimath zueilen wollte, fiel er abermals einem Detaschement Franzosen in die Hände, und mußte solches nach Mittelbuchen führen, und da er auch dieser neuen Gefahr entgangen war, fingen ihn die Kosacken auf, und bedienten sich seiner zum Boten nach Hanau.

In der Vorstadt war das Feuer noch in hoher Glut, so daß der Baierische Obristlieutenant, welcher das Commando auf diesem Punkt hatte, erklären ließ, man möge schleunig Anstalten zum Löschen treffen, weil seine Leute die Hitze nicht länger zu erdulden vermöchten. Indessen fehlte es an Händen, der menschenfreundliche Krieger, — der Name dieses Ehren-Mannes ist nicht genannt worden, sonst würde er hier mit vollgültigem Rechte eine Stelle gefunden haben, — gab sogleich die nöthigen Befehle und mit frohem Muthe halfen die wackern Baiern der Gewalt des Feuers Schranken setzen.

Nach Mitternacht brach ein neuer Brand in der Nähe des Paradeplatzes aus, der jedoch glücklich und bald gelöscht wurde.

Die Franzosen hatten die Nacht zu ihrem Rückzuge benutzt. Am 1. November Morgens sah man nur noch hin und wieder ihre Arriergarde auf der Straße nach Frankfurt plänkeln. Es wurden Truppen nachgeschickt welche über 4000 Gefangene machten.

In Bergen waren am 31. Oktbr. Nachts um 11 Uhr etwa 6000 Mann Französischer Kavallerie eingerückt. Diese Truppen verweilten hier bis zum 1. Novbr., wo sie um 3 Uhr Morgens über Breungesheim nach Bonamees gingen. Jetzt kamen nur noch einzelne Franzosen durch Bergen, welche theils dieselbe Richtung einschlugen, theils der Frankfurter Hauptstraße zu wanderten. Aus dem nahgelegenen Bischofsheim waren die Nachzügler durch einige Kartätschenschüsse vertrieben worden und suchten die Höhe von Bergen zu gewinnen. Die Kosacken verfolgten unaufhaltsam ihre Spur und machten viele Gefangene. Um 12 Uhr Mittags kamen ungefähr 30 Kosacken zu Bergen an und beschäftigten sich damit, die in der Gegend umherirrenden Franzosen zusammen zu treiben. Diesen schien unterdessen in der Nähe ein Vereinigungspunkt sich dargeboten zu haben, denn um 3 Uhr rückten sie 500 bis 600 Mann stark auf das Dorf heran. Drei Kosacken sprengten auf diese Masse ein, wurden aber durch mehrere Flintenschüsse zurückgeschreckt. Jetzt kamen noch sechzehn andere und diese 19 Mann machten nun einen erneuten Angriff mit so glücklichem Erfolge, daß sie die Franzosen auseinander sprengten und die größere Hälfte derselben gefangen nahmen.

Nachmittags zog das ganze Oesterreichisch-Baierische Armeekorps unter klingendem Spiele und fliegenden Fahnen durch Hanau. Alles bewegte sich vorwärts. Das Hauptquartier wurde nach

Dörnigheim verlegt, wohin auch der Kaiserlich Oesterreichische Feldmarschall-Lieutenant **Graf Fresnel**, welcher das Kommando der verbündeten Armee übernommen hatte, sich verfügte.

Jetzt erst konnte man mit sorglosem Blicke in die Zukunft hinüber schauen. Die drohende Gefahr war vorbei, beendigt das peinvolle unserer Lage. Wir sahen uns nicht mehr abgeschieden von der Außenwelt, und mit unsern Verbindungen auf den Umkreis der Stadt beschränkt. Freudenthränen glänzten in allen Augen. Jeder Händedruck war beredt. Freunde, Bekannte, Fremde, alles stürzte einander in die Arme! Alles wünschte einander Glück zum wiedererlangten Gewinn des Lebens! Mit heißem Danke blickten wir zum Beherrscher der Welten empor.

Der verwundete Feldherr war in die Behausung des Commerzienraths **Kaula** gebracht worden. Hier fand er treue Pflege, und diese, verbunden mit der regen Sorgfalt bewährter Aerzte, ließ ihn so schnell genesen, daß er nach wenigen Wochen schon dem Zuge des Heeres zu folgen vermochte. Während seiner Krankheit erfreuten ihn die Besuche der erhabenen Monarchen, des **Kaisers von Oesterreich** und des **Kaisers von Rußland**. Auch der allgeliebte **König von**

Baiern verweilte lange am Bette seines Helden *).

*) Während General Graf von Wrede dahier krank darnieder lag, sendeten ihm Se. Maj. der Kaiser Alexander das Großkreutz des St. Alexander-Newsky-Ordens, und Se. Maj. der Kaiser Franz das Kommandeur-Kreutz des militairischen Maria-Theresien-Ordens. Der zuletztgenannte Monarch begleitete diese huldvolle Gabe mit nachstehendem allergnädigsten Handschreiben:

Fulda den 2. November 1813.

„Mein lieber General der Kavallerie, Graf von „Wrede! Die ausgezeichneten Thaten, welche „Sie und das unter Ihren Befehlen stehende vereinigte Armeekorps mit Ruhm bedeckten, bewogen „Mich Ihnen einen Beweis Meiner vollesten Würdigung und Erkenntlichkeit zu geben. Ich überschicke Ihnen hiermit das Kommandeur-Kreuz Meines militairischen Maria-Theresien-Ordens.“

„Ich wünsche sehnlichst Ihre baldige Genesung „von der schweren Wunde, welche Sie am 31. Oktober erhielten und hoffe, daß die Vorsehung, welche so augenscheinlich unsere Waffen begünstigt, „dem Deutschen Vaterlande und Baiern einen „eben so einsichtsvollen als tapfern Feldherrn wiederschenken wird.“

Mit dem Alexander-Newsky-Orden erhielt Graf von Wrede ein Schreiben des Kaiserlich Russischen Staatsministers Grafen von Nesselrode folgenden Inhalts:

Meiningen den 18 (30.) Oktober 1813.

„Herr General! Der Kaiser trägt mir auf, als „ein Werk Seiner besondern Achtung und Seiner

So endigten sich die blutigen Auftritte in der Nähe unserer Stadt.

Nach den ersten Tagen der Schlacht bot sich ein trauervolles Bild der Verwüstung dar. Jeder Schritt leitete auf Spuren des Jammers. Alle Gärten waren zerstört, die Felder in eine Wüste verwandelt, zertreten des Landmannes Fleiß *), die öffentlichen Plätze, die Straßen mit Schlamm bedeckt. In der Vorstadt allein liegen 19 Wohnhäuser, die zahlreichen Hintergebäude und Stallungen nicht gerechnet, in Asche und Trümmern, und die noch stehenden Wohnungen sind alle mehr oder weniger beschädigt. Im Lamboywalde und in den vielfachen Alleen, von

„hohen Zufriedenheit über die wesentlichen Dienste, „welche Ew. Exzellenz neuerlich der gemeinen Sa„che geleistet haben, Denenselben die Insignien des „St. Alexander-Newsky-Ordens zu übermachen, „Die ausgezeichneten Verdienste Ew. Exzellenz werden „zu den weitern glücklichen Fortschritten der verbün„deten Heere kräftig mitwirken, und Se. Majestät „setzen in dieser Hinsicht alles Vertrauen auf Ihre „Operationen und die Gesinnungen, die Sie bele„ben. Ich schätze mich glücklich, Herrn Graf bei „dieser Veranlassung das Organ der schmeichelhaf„ten Meinung zu seyn, welche der Kaiser von Ihnen „heget, und Ihnen die Versicherungen meiner aus„gezeichnetesten Hochachtung darzubieten.“

Unterz. Graf von Nesselrode.

*) Diese Verwüstung beschränkt sich nicht allein auf das Schlachtfeld, die ganze umliegende Gegend hat sehr gelitten, und zumal die Dörfer Auheim,

welchen Hanau umzogen ist, wurden eine zahllose Menge von Bäumen theils durch die Kanonenkugeln abgeschlagen, theils von den bivouakirenden Truppen zu Wachtfeuern verwendet, und so eine der größten Zierden unserer Gegend auf lange Jahre vernichtet. Das Schlachtfeld war mit Leichen *), mit todten Pferden bedeckt **). Ueberall sah man zerstümmelte Glieder menschlicher Körper. Eine unglaubliche Menge verwundeter Pferde wankten im siechen Schritte hin und her, die meisten starben des fürchterlichsten Hungertodes. Mehrere Tage, nachdem die Gefechte schon längst beendigt waren, wurden Verwundete von beiden Heeren auf dem Kampfplatze gefunden, und mit hülfreicher Hand hereingebracht. Im Lamboywalde und in andern nahe gelegenen Wäldern irrten eine große Menge versprengter Franzosen in dem erbärmlichsten Zustande, und entblößt von allen Nahrungsmitteln umher. Einzelne fand man in Ge-

---

Oberissigheim, Kesselstadt und Dörnigheim. Noch jetzt wüthen pestartige Krankheiten in diesen unglücklichen Ortschaften.

*) Mitten unter ihnen fand man den sterbenden Prinzen von **Oettingen-Wallerstein**, Major im 3. Chevauxlegers-Regiment. Es war der Wunsch des jugendlichen Helden, den Tod des Max Piccolomini zu finden, und er hat ihn gefunden.

**) Noch in den letzten Tagen des Novembermonats lagen todte Pferde auf der Straße nach Frankfurt.

sellschaft von Raben und Hunden auf krepirten Pferden liegen am Fleische derselben sich ersättigend. In mehreren vor der Kinzigbrücke gelegenen Häusern, welche von den Bewohnern verlassen worden waren, nahmen viele jener Unglücklichen ihre Zuflucht, und fristeten ihr Leben kümmerlich durch den Genuß von Erdäpfeln und Rüben, welche sie in den nah gelegenen Gärten und auf dem Felde erbeutet hatten *).

Im Lamboywalde ließen die Franzosen fünfzehn Munitionskarren stehen; noch weit mehrere verloren sie auf dem Rückzuge nach Frankfurt. In zahlloser Menge lagen Waffen aller Art, Helme, Kürasse, Tschako's, Kugeln, Papiere, zerschossene Lavetten u. s. w. auf dem Schlachtfelde zerstreut. Erbeutete Pferde und Reisewägen sahen wir einbringen **).

Das Begraben der in dem Kampfe Gefallenen dauerte noch viele Tage. Am Eingange des Wal-

*) Von diesen Nachzüglern wurden viele noch acht Tage nach der Schlacht und später eingebracht. Sie waren meist nur mit ärmlichen Lumpen bedeckt und in einem Zustande, dessen Elend keine Feder zu schildern vermag.

**) Der Wunsch, ein Andenken an diesen merkwürdigen Tag zu bewahren, lockte viele Bewohner der Umgebungen auf den Kampfplatz, ja man sah Neugierige aus Orten dahin wandern, welche über sechs Stunden von hier entfernt sind.

des und zu beiden Seiten der Heerstraße lagen die Leichen sehr gehäuft. Die Franzosen müssen während des Gefechtes und in der Nacht vom 30. auf den 31., wo sie den Lamboywald besetzt hielten, viele ihrer Todten beerdigt haben, davon zeugen die frischen Grabhügel und die Kreuze von Buschwerk, welche man häufig auf denselben fand.

Bei allen diesen erfahrnen Unglücksfällen, und obgleich man sich einige Tage hindurch um unsere Stadt herum und in derselben schlug, ist es erfreulich, als Schlußbemerkung beifügen zu können, daß keiner von den Bewohnern Hanau's in jenen Tagen des Schreckens umgekommen, was man um so mehr zu fürchten Ursache hatte, da während des Kampf-Getümmels gar viele sich durch tollkühne Neugierde der augenscheinlichsten Gefahr ausgesetzt hatten. Allein jetzt erst zeigen sich die traurigen Folgen jener Unglückstage. Die Hospitalfieber, durch das zurückziehende Französische Heer der hiesigen Gegend zugeführt, wüthen mit stets zunehmender Gewalt und die Sterblichkeit hat um das Siebenfache zugenommen. Seit der verwüstenden Ruhrepidemie nach der Schlacht bei Dettingen, durch welche mehrere nahgelegene Dörfer ganz entvölkert wurden, herrschte kein solches pestartiges Uebel bei uns.

I. Amtlicher Bericht S. E. des Herrn Generals Grafen von Wrede.

(Münchner politische Zeitung vom 7ten November 1813.)

Am 26. Okt. marschierte die vereinigte Armee mit Zurücklassung eines Blokadekorps, von Würzburg über Aschaffenburg in zwei Märschen gegen Hanau.

Nachdem am 27. die 3te Inf. Div. unter dem Kommando des Baier. Genenerals von Lamotte die Stadt Aschaffenburg besezt, und die Kavalleriebrigade des Generalmajors Baron Viereck sich in Oettingen militärisch aufgestellt hatte, beorderte der General der Kavallerie Graf v. Wrede am 28. in der Frühe das 1. Chevauxlegersregiment, die Stadt Hanau zu überfallen.

Gegen 10 Uhr in der Frühe rückte dieses Regiment daselbst ein, ohne einigen Widerstand getroffen zu haben; einzelne zerstreute Feinde, unter welchen sich der General St. André befand, wurden eingebracht. Bisher hatten die eingeholten Nachrichten den von Gelnhausen anrückenden Feind auf eine Kolonne von 20,000 Mann, angegeben, welche einen Theil der großen Französischen Armee bildete.

Durch die weitern Rekognoszirungen überzeugte man sich aber, daß man es mit der großen Franz. Armee zu thun habe, welche, um schneller fortzukommen, bisher in getrennten Kolonnen marschirt war, nun aber sich in eine Masse gesammelt hatte, um die Straße nach Frankfurt zu gewinnen. Schon gegen Mittag am 28. zeigten sich mehrere starke Haufen feindlicher Kavallerie, die sich immer vermehrten, und am Ende das 1. Chevauxlegersregiment nöthigten, die Stadt zu räumen.

Auf die von allen Seiten einstimmig einlaufenden

Nachrichten, Kaiser Napoleon komme über Gelnhausen anmarschirt, befehligte der Graf von Wrede die 1. leichte Kavalleriebrigade, Hanau zu passiren, und dem Feinde auf der Straße von Gelnhausen entgegen zu gehen; — als diese bei dem ersten Chevauxlegersregimente vor der Stadt Hanau eintraf, griff man sogleich den Feind an, der inzwischen Hanau besetzt hatte, nahm die Stadt in Besitz, und warf den Feind auf der Straße nach Gelnhausen zurück. Gegen 3 Uhr Nachmittags zeigte derselbe ungefähr 4—5000 M. Infanterie, 5 Eskadrons Kavallerie und 8 Kanonen, und rückte damit gegen die diesseitige 1. Kavalleriebrigade an; er versuchte es mehrmal, sich der Stadt Hanau zu bemeistern, doch vergebens.

Da indessen die dritte Infanteriedivision, die um 12 Uhr Mittags von Aschaffenburg gegen Hanau aufgebrochen war, erst gegen 8 Uhr Abends eintreffen konnte, und die Kavallerie durch das feindliche Artillerie- und Tirailleurfeuer bedeutend gelitten hatte, so wurde es nöthig, bis zur Ankunft der Infanterie, Hanau zu räumen, und rückwärts der Stadt eine Position zu nehmen. Dieses wurde bewerkstelligt, ohne daß der Feind den Rückzug sehr beunruhigte. Erst nachdem die Stadt geräumt war, besetzte der Feind dieselbe.

Gegen 8 Uhr traf die Avantgarde der Baierischen Infanterie, aus 4 Schützenkompagnien bestehend, vor Hanau ein.

Die Stadt wurde sogleich dem Feinde wieder abgenommen, und dieser in die Vorstadt auf das rechte Kinzigufer zurückgetrieben. Endlich um halb 10 Uhr Abends kam die ganze dritte Division vor Hanau an, die zweite Infanteriebrigade unter Generalmajor Grafen

Deroi erhielt den Befehl, auch die jenseits der Kinzig gelegene Vorstadt vom Feinde zu reinigen, und vor derselben auf der Straße gegen Gelnhausen Position zu nehmen.

Dieses wurde schnell vollzogen. Man machte 20 Offiziere und gegen 800 Soldaten zu Gefangenen.

Der diesseitige Verlust bestand in 1 todten (Lieutenant Grau vom 7. Chevaurlegersregiment), 2 blessirten Offizieren (Rittmeister Prinz Waldeck vom 1. Chevauxlegersregiment und Lieutenant Baron Staader vom 7. Chevaurlegersregiment) und 25 bis 30 Chevauxlegers.

Die Nacht über blieb Alles ruhig. Am 29. in der Frühe gegen 8 Uhr zeigte der Feind einige Kolonnen Infanterie und Kavallerie am Debouchée des Waldes auf der Gelnhäuserstraße.

Die feindliche Infanterie fing an zu deployren, und griff die zweite Infanteriebrigade in ihrer Stellung an; einige sehr wirksame Kanonenschüsse machten den Feind wanken. Die Baierische Infanterie warf sich mit Ungestüm auf die feindlichen Kolonnen und brachte sie in Unordnung. Es wurden zwei Kanonen erobert und viele Gefangene gemacht. Das 2. Chevaurleg. Reg. (Prinz Taxis) verfolgte den fliehenden Feind, und vereinigte sich eine kleine Stunde von Hanau mit dem leichten Korps des Kosakengenerals Kaisarow. Gegen Mittag hatte sich die ganze Armee mit Ausnahme der detachirten Abtheilungen in und um Hanau versammelt.

Der kommandirende General hatte die 1. Division unter dem Divisionsgeneral Graf Rechberg von Aschaffenburg über Seligenstadt und Offenbach nach Sachsenhausen marschieren und Frankfurt besetzen lassen. Die

Brigade des k. k. österr. Generals Volkmann detachirte derselbe von Aschaffenburg gegen Gelnhausen, um den Feind in die Flanke zu nehmen. Diese hatte daselbst heftigen Widerstand gefunden. Sie wurde gegen die Baierischen Vorposten bei Rückingen zurückgedrängt, und rückte in der Nacht in der Linie der Armee wieder ein. Am Ende des Tages belief sich die Zahl der eingebrachten Gefangenen auf mehr als 100 Offiziere und zwischen 4 und 5000 Soldaten.

Die in der Nacht vom 29. auf den 30. eingelaufenen Nachrichten stimmten darin überein, daß der Feind mit seiner ganzen Macht gegen Hanau im Anzug wäre.

Da die Position von Hanau der diesseitigen Kavallerie ein schönes Feld darbot, um einige Chargen mit Wirkung ausführen zu können, auch dem Feinde bei seinem Debouchiren aus dem Walde durch die Artillerie schon ein wesentlicher Schaden konnte zugefügt werden, so befahl der Graf von Wrede bei einem Angriffe auf die Vorposten, daß diese sich in die Hauptposition vor Hanau zurückziehen sollten.

Dieser Angriff erfolgte wirklich am 30. gegen 8 Uhr in der Frühe. Mit ungefähr 2000 Mann Kavallerie und 2 Kanonen attakirte der Feind die Avantgarde, konnte dieselbe aber, aller Anstrengung ungeachtet, nicht zum Weichen bringen. Es war bloß die Schützenkompagnie des 3ten Linienregiments (Prinz Karl), ein Zug von Szeklerhusaren und eine halbe Eskadron des 2ten Chevauxlegersregiments, welche die heftigen Angriffe des Feindes bis gegen 10 Uhr mit vieler Standhaftigkeit zurückwiesen. Um diese Zeit entwickelte sich der Feind mit ungefähr 4000 Mann Kavallerie, 6000 Mann In-

fanterie und 6 Kanonen auf den Höhen hinter Rückin-
gen und unterstützte damit die erneuerten Angriffe auf
die diesseitigen durch ein Bataillon des 8. Linieninfante-
rie-Regiments verstärkten Vorposten. Der Rückzug gegen
Hanau wurde angetreten, und mit ausgezeichneter Ord-
nung und Standhaftigkeit von der 2ten Infanteriebri-
gade der 3ten Division und dem 2ten Chevauxlegersre-
giment Prinz Taxis vollendet. Um 12 Uhr Mittags
war die Avantgarde in der Linie, welche sich mit dem
rechten Flügel an die Kinzig bei dem Forsthause, mit
dem linken an die Straße, die nach Kassel führt, an-
lehnte, wieder eingerückt und der Feind versuchte es auf
der Gelnhäuserstraße, aus dem Walde gegen das aus
Kavallerie bestehende Zentrum zu debouchiren. Ein
fürchterliches Kanonenfeuer aus 60 Feuerschlünden ver-
hinderte ihn daran. Er versuchte einen Angriff mit
seiner Infanterie auf den diesseitigen rechten Flügel, allein
auch dieser wurde durch beharrliche Tapferkeit zurückge-
wiesen. Auf allen Punkten erneuerte Angriffe hatten
gleiche nachtheilige Folgen für den Feind.

Gegen 3 Uhr Nachmittags waren alle Streitkräfte
des Feindes angelangt. Sie bestanden aus der ganzen
kaiserl. Garde, 60,000 Mann Infanterie, 12,000 M.
Kavallerie, meistens Kürassiers und Karabiniers, dann
den alten aus Spanien gekommenen Dragonerregimen-
tern und gegen 140 Kanonen. Das Ganze wurde vom
Kaiser Napoleon in Person kommandirt. Nun erneuer-
ten sich die Angriffe mit aller Hartnäckigkeit. Verzweif-
lung beseelte den Muth des Feindes, den Unsrigen die
Liebe für die gerechte Sache. Gleiche Erbitterung war

auf-

auf beiden Seiten, gleiche Tapferkeit. So stunden die Sachen bis 4 Uhr Nachmittags.

Der Feind warf nun seine ganze Infanterie auf den diesseitigen rechten Flügel, konnte ihn aber nicht zum Weichen bringen, und debouchirte mit seiner ganzen Kavallerie, unter dem Schutze seiner zahlreichen Artillerie, gegen das Zentrum, welches, da sich die diesseitige Artillerie ganz verfeuert hatte, nicht verhindert werden konnte. Er griff die diesseitige Kavallerie mehrmals an, wurde aber jedesmal mit großem Verluste zurückgeworfen; nur die Nacht machte dem Kampfe ein Ende.

Da die Kavallerie durch das feindliche Artilleriefeuer viel gelitten hatte, auch bei allen Batterien die Munition, weil die Reserve bei den starken Märschen und den unbeschreiblich schlechten Wegen nicht nachfolgen konnte, gänzlich mangelte, so beschloß der kommandirende General, während der Nacht sich auf das linke Kinzig-Ufer zurückzuziehen und nur die Stadt Hanau besetzt zu halten.

Am 31. gegen 3 Uhr in der Frühe fing der Feind an, die Stadt zu bombardiren. Um dieselbe nicht der Verwüstung Preis zu geben, ließ der Graf von Wrede nun auch diese räumen. Während der Nacht war die kaiserliche Garde defilirt, und das 4. Armeekorps hatte die Stellung derselben übernommen; dieses griff gegen 8 Uhr Morgens den diesseitigen rechten Flügel bei dem Forsthause mit vieler Entschlossenheit an, und wollte sich der daselbst über die Kinzig führenden Brücke bemächtigen; allein umsonst, die Angriffe dauerten den ganzen Tag fort, jedoch ohne Erfolg.

Der wiederholten Angriffe müde, beschloß der kommandirende General gegen 4 Uhr Nachmittags, die Stadt zu stürmen, um dadurch Allem ein Ende zu machen. Er setzte sich an die Spitze eines kaiserlich königl. österreichischen Grenadier- und eines Jäger-Bataillons und nahm die Stadt mit seltener Tapferkeit mit dem Bajonette. Schon war derselbe bis auf die Kinzigbrücke gekommen, als eine unglückliche feindliche Kugel ihn in den Unterleib traf, und er schwer verwundet zurückgebracht werden mußte.

Die Stadt war in unsern Händen und wurde gegen alle folgende heftige Angriffe standhaft vertheidiget. Zwei Generale, mehrere Staabs- und Oberoffiziere und viele Soldaten fielen dabei in unsere Hände.

Der kaiserl. österreichische Feldmarschall-Lieutenant Graf Fresnel übernahm nun das Oberkommando über die Armee. Unser Verlust war bedeutend, jener des Feindes überwog ihn mehr als doppelt.

Unter den Todten befinden sich: Der Obrist von Flachenfeld vom kaiserl. österr. Kürassier-Regiment Fürst Lichtenstein. Der Major Graf Hegneberg vom 7. Chevauxlegers-Regiment Prinz Karl. Der Major Abélé vom 1. leichten Infanteriebataillon. Der Major Prinz Oettingen-Wallerstein vom 3. Chev. Leg. Regiment (Kronprinz). Der Adjutant des kommandirenden Generals, Rittmeister Prinz Oettingen-Spielberg vom 4. Chev. Leg. Regim. (König). Der Oberlieutenant Graf Fugger Gloett vom 4. Chev. Leg. Regim. Unter den Verwundeten außer dem kommandirenden General, der General Janson van der Stockh, schwer. Der General Graf Pappenheim, leicht. Der kaiserl. österreich.

Feldmarschall-Lieutenant Baron Trautenberg. Der kaiserl. österreich. General Klenau. Der kaiserl. österreich. General Dimars. Der Oberst Palm vom 6. Infant. Reg. (Herzog Wilhelm). Der Oberst Forremps von 4. Infant. Regim. (Sachs. Hildburgh.). Der Major Fuchs vom 6. Inf. Regim. (Herzog Wilhelm). Die ausführlichen Verzeichnisse des Verlustes, und die namentlichen Ausweise der Offiziers werden nachgetragen werden.

Es ist schwer zu bestimmen, wer sich an diesen merkwürdigen Tagen bei den beiden vereinigten Korps am meisten ausgezeichnet habe. Jeder wetteiferte mit den andern um den Ruhm, am meisten gethan zu haben. Einer hat den andern übertroffen.

So beunruhigend die ersten Nachrichten über die Verwundung des kommandirenden Generals waren, so sehr haben wir jetzt gegründete Hoffnung, daß derselbe bald wieder im Stande seyn werde, sich an die Spitze dieser tapfern Armee zu stellen, und den neuen Ruhm mit derselben zu theilen.

Am 3. November trafen der kaiserl. königl. Oberst Fürst Wenzel Lichtenstein, und der kais. königl. österr. Rittmeister Graf Clam, Adjutant des Feldmarschalls Fürsten Schwarzenberg aus dem großen Hauptquartier bei dem General Grafen von Wrede in Hanau ein, um sich nach seinem Befinden zu erkundigen, und demselben die Dekorationen des Marien-Theresien- und Alexander-Newsky-Ordens zu überbringen, nachdem er bereits das Großkreutz des Leopold-Ordens erhalten hatte.

Schon am 2. war die Armee weiter nach Frankfurt aufgebrochen, und die Früchte dieses, mehrere Tage fortgesetzten Kampfes, in welchem die vereinigte baierisch-österreichische Armee mit dem doppelt überlegenen Feinde zu streiten hatte, dessen Kerntruppen unter dem persönlichen Kommando des Kaisers Napoleon vereinigt waren, sind die Behauptung des Schlachtsfeldes, die Erschweeung des Rückzuges, die Abnahme von 10,000 Gefangenen, unter welchen 5 Generale und 150 Staabs- und Oberoffiziere sich befinden, nebst zwei Kanonen und ein dem Feinde zugefügter jene Zahl noch übersteigender Verlust an Todten und Verwundeten.

II. Amtlicher Bericht S. E. des Herrn Feldmarschall-Lieutenants, Grafen von Fresnel.

(Oesterreichischer Beobachter vom 10. November 1813.)

Nach der Einnahme von Würzburg rückte die vereinigte Oesterreichisch-Baierische Armee nach Hanau, der großen Französischen entgegen, welche dahin ihren Rückzug nahm. Unsere Avantgarde stieß am 29. Okt. zwischen Rothenbach und Gelnhausen auf den Feind, und der Kön. Baieris. Divisionsgeneral Delamotte nahm demselben, nach einem hitzigen Gefechte, 2 Kanonen und 4000 Gefangene ab, unter welchen sich 2 Generäle mit 150 Stabs- und Oberoffizieren befanden.

Am 30. Morgens unternahm der kommandirende General en Chef, Graf Wrede, eine Rekognoscirung des Feindes, welche die Gewißheit gab, daß er noch zwischen 60 und 80,000 Mann stark gewesen. Die vereinigte Armee hatte durch nöthig gewordene Detaschirungen in diesem Augenblicke nur bei 30,000 Mann vor Hanau, und der en Chef kommandirende General, der mit so ungleichen Streitkräften die Absicht des Feindes, die Straße nach Frankfurt für seinen weiteren Rückzug zu gewinnen, nicht völlig zu hindern vermochte, beschloß, diesen wenigstens möglichst zu erschweren. Er stellte daher die vereinigte Armee vor Hanau, und zwar den rechten Flügel an die Kinzig, den linken en échelons auf der Straße auf, welche von Gelnhausen nach Frankfurt führt. Die Avantgarde wurde daher befehligt, sich in die Aufstellung der Armee zu repliiren, und General Delamotte bewerkstelligte dieses mit der schönsten Ordnung. Am linken Flügel der vereinigten Armee, in der Ebene zwischen der Stadt Hanau und dem Lambonwalde, waren mehrere Batterien aufgeführt, den debouchirenden Feind zu empfangen; der größte Theil der Kavallerie war dahin gestellt, die Formirung des Feindes zu erschweren.

Am 30. um 11 Uhr Vormittags rückte der Feind in dichten Kolonnen auf der Straße vor, indessen seine Tirailleurs den Wald durchgingen; 180 Kanonen sollten es gelingen machen, die alliirte Armee zum Weichen zu bringen, wozu Kaiser Napoleon alle Anstrengungen aufbot. Doch sie waren vergebens: die alliirte Armee behauptete mit einer bewunderungswürdigen Tapferkeit das Schlachtfeld bis in die Nacht. Die heftigsten Kavallerieangriffe auf dem linken, und alle Unternehmungen auf dem rechten Flügel, um durch dessen Werfung den erstern zum Rückzuge zu bringen, wurden zurückgewiesen, wozu der Kön. Baieris. General Graf Beckers mit seiner Division durch die ruhmvollste Ausdauer ganz vorzüglich mitgewirkt hat.

Der Feind hatte großen Verlust erlitten, besonders war seine alte Garde sehr mitgenommen worden; die Absicht des Kommandirenden, dem Feinde seinen Rückzug theuer zu machen, war erreicht, und er zog in der Nacht seinen linken Flügel hinter Hanau zurück, um ihn sowohl nicht ohne Nothwendigkeit mehr auszusetzen, als auch im Stande zu seyn, des andern Tages allenfalls den Kampf zu erneuern.

Der Feind begann seinen Rückzug; ihn zu decken, ließ er Hanau stürmen, welches die Oesterreichische Grenadierbrigade Dimar besetzt hielt: sein Versuch wurde mehrmalen abgewiesen, und er mußte sich damit begnügen, die Stadt mit Haubitz-Granaten zu bewerfen; doch die Brände waren in dieser Nacht nicht besonders verheerend. Damit die Stadt nicht mehr beschossen würde, zog zu ihrer Schonung der kommandirende General am 31. Okt. Morgens 8 Uhr, die Besatzung heraus. Als jedoch die Franzosen bei deren Besitznahme zu plündern anfingen und die löschenden Bürger verjagten, beschloß der kommandirende General, sie der größeren Verwüstung zu entreißen, und ließ am nämlichen Tage, Nachmittags um 2 Uhr, sie wieder nehmen. Der kommandirende General, mit dem Oesterreichischen General von Geppert, an der Spitze einer Oesterreichischen Grenadier- und Jägerkolonne, führte, von seiner Suite begleitet, persönlich den Sturm an, welcher mit Schnelligkeit und Ordnung ausgeführt wurde. Binnen einer halben Stunde war die Stadt wieder erobert, doch der kommandirende General tödtlich dabei verwundet.

Dieser für die alliirte Armee unersetzliche Verlust erzeugte eine Erbitterung, welcher nicht Einhalt gethan werden konnte; alles, was von Franzosen in der Stadt erreicht wurde, ward mit dem Bajonette getödtet; am äußern Thor, an der Kinzigbrücke, setzte sich der Feind, doch er ward seines lebhaften Widerstandes ungeachtet bald vertrieben, und am folgenden Tage Morgens, trat er vollends seinen Rückzug an, auf welchem ihm die alliirte Armee verfolgt.

Die Truppen der vereinten Armee haben die ausgezeichnetste Tapferkeit rühmlich wetteifernd erprobt. Ihr Verlust war im Verhältnisse geringer und besteht an Todten, Verwundeten und nur wenigen Vermißten, zusammen in 7000 Mann. Trophäen wurden auch nicht eine verloren; der Feind ließ dagegen 15,000 Todte und Verwundete auf dem Schlachtfelde, wovon die letzteren größtentheils im Lamboywalde umkamen, da des Feindes eiliger Rückzug ihr Fortbringen unmöglich machte. Die Straße von Hanau nach Frankfurt ist mit Leichnamen, todten Pferden und im Stich gelassenen Pulverkarren bedeckt, und bezeugt die regellose Flucht der Reste von der großen Französischen Armee. Auf allen Wegen werden Flüchtlinge aufgefangen, und außer den bereits erwähnten, sind neuerlich 15,000 Mann Gefangene eingebracht, die mit jeder Stunde sich mehren. Darunter befinden sich 280 Stabs- und Oberoffiziers und die Generäle Martell und Avesani. Hauptquartier Frankfurt, am 3. Novbr. 1813.

Fresnel,
Feldmarschall-Lieutenant.

III. Nouvelles de l'armée Françoise au 31. *Octobre* 1813.

(Gazette du Grand - Duché de Francfort du 1er Novembre 1813.)

L'Empereur est parti d'Erfurt le 25.

Notre armée a opéré tranquillement son mouvement sur le Mein. Arrivé le 29 à Gelnhausen, on apperçut un corps ennemi de 4 à 5 mille hommes, cavalerie, infanterie et artillerie, qu'on sut par les prisonniers, être l'avant garde de l'armée autrichienne et bavaroise. Cette avant-garde fut poussée et obligée de se retirer. On rétablit promptement le pont que l'ennemi avoit coupé. On apprit aussi, par les prisonniers, que l'armée autrichienne et bavaroise, qui étoit annoncée forte de 60 à 70 mille hommes, venant de Braunau, étoit arrivée à Hanau et prétendoit barrer le chemin à l'armée françoise.

Le 29 au soir, les tirailleurs de l'avant-garde ennemie furent poussés au-delà du village de Langenselbolde; et à 7 heures du soir, l'Empereur et son quartier général étoient dans ce village au château d'Isembourg.

Le lendemain 30, à 9 heures du matin, l'Empereur monta à cheval. Le duc de Tarente se porta en avant avec 3000 tirailleurs sous les ordres du général Charpentier; la cavalerie du général Sébastiani, la division de la garde commandée par le général Friant et la cavalerie de la vieille garde suivirent; le reste de l'armée étoit en arrière d'une marche. L'ennemi avoit placé

6 bataillons au village de Ruckingen, afin de couper toutes les routes qui pouvoient conduire sur le Rhin. Quelques coups de mitraille et une charge de cavalerie firent reculer précipitamment ces bataillons.

Arrivés sur la lisière du bois à 2 lieues de Hanau, les tirailleurs ne tardèrent pas à s'engager. L'ennemi fut acculé dans le bois jusqu'au point de jonction de la vieille et de la nouvelle route. Ne pouvant rien opposer à la supériorité de notre infanterie, il essaya de tirer parti de son grand nombre, il étendit le feu sur sa droite. Une brigade de 2000 tirailleurs du 2e corps, commandée par le général Dubreton, fut engagée pour le contenir, et le général Sébastiani fit exécuter avec succès, dans l'éclairci du bois, plusieurs charges sur les tirailleurs ennemis, nos 5000 tirailleurs continrent ainsi toute l'armée ennemie, en gagnant insensiblement du tems jusqu'à 3 heures après-midi.

L'artillerie étant arrivée, l'Empereur ordonna au général Curial de se porter au pas de charge sur l'ennemi avec deux bataillons de chasseurs de la vieille garde, et de le culbuter au-delà du débouché; au général Drouot, de déboucher sur le champ avec 50 pièces de canon; au général Nansouty, avec tout le corps du général Sebastiani et la cavalerie de la vieille garde, de charger vigoureusement l'ennemi dans la plaine.

Toutes ces dispositions furent exécutés exactement.

Le général Curial culbuta plusieurs bataillons

ennemis. Au seul aspect de la vieille garde, les autrichiens et les bavarois fuirent épouvantés.

Quinze pièces de canon et successivemens jusqu'à 50 furent placés en batterie avec l'activité et et l'intrépide sang-froid qui distinguent le général Drouot.

Le général Nansouty se porta sur la droite de ces batteries, et fit charger 10,000 hommes de cavallerie ennemie par le général Lévêque, major de la vieille garde, par la division de cuirassiers St. Germain, et successivement par les grenadiers et les dragons de la cavalerie de la garde. Toutes ces charges eurent le plus heureux résultat. La cavalerie ennemie fut culbutée et sabrée; plusieurs carrés d'infanterie furent enfoncés; le régiment autrichien Jordis et les uhlans du prince de Schwarzenberg ont été entièrement détruits. L'ennemi abandonna précipitamment le chemin de Francfort qu'il barroit et tout le terrain qu'occupoit sa gauche; il se mit en retraite et bientôt après en complète déroute.

Il étoit 5 heures. Les ennemis firent un effort sur leur droite pour dégager leur gauche et donner le tems à celle-ci de se reployer. Le général Friant envoya deux bataillons de la vieille garde à une ferme située sur le vieux chemin de Hanau. L'ennemi en fut promptement débusqué, et sa droite fut obligée de plier et de se mettre en retraite. Avant 6 heures du soir, il repassa en déroute la petite rivière de la Kinzig.

La victoire fut complète.

L'ennemi, qui prétendoit barrer tout le pays, fut obligé d'évacuer le chemin de Francfort et Hanau.

Nous avons fait 6000 prisonniers et pris plusieurs pièces de canon. L'ennemi a eu 6 généraux tués ou blessés. Sa perte a été d'environ 10,000 tués, blessés ou prisonniers. La nôtre n'est que de 4 à 500 tués ou blessés. Nous n'avons eu d'engagés que 5000 tiraillieurs, 4 bataillons de vieille garde et à peu près 80 escadrons de cavalerie et 120 pièces de canon.

A la pointe du jour, le 31, l'ennemi s'est retiré, se dirigeant sur Aschaffenbourg. L'Empereur a continué sont mouvement, et à 3 heures après-midi, S. M. étoit à Francfort.

Les drapeaux pris à cette bataille et ceux qui ont été pris à celles de Wachau et de Leipsig, sont partis pour Paris.

Les cuirassiers, les grenadiers à cheval, les dragons ont fait de brillantes charges. Deux escadrons de gardes d'honneur du 3e régiment commandé par le major Saluces, se sont spécialement distingués, et font présumer ce qu'on doit attendre de ce corps, au printems prochain, lorsqu'il sera parfaitement organisé et instruit.

Le général d'artillerie de l'armée, Nourrit, et le général Devaux, major d'artillerie de la garde, ont mérité d'être distingués. Le général Letort, major des dragons de la garde, quoique blessé à la bataille de Wachau, a voulu charger à la tête de son régiment et a eu son cheval tué.

Le 31 au soir, le grand quatier-général étoit à Francfort.

Le duc de Trévise avec deux divions de la jeune garde et le 1er corps de cavalerie étoit à Gelnhausen. Le duc de Reggio arrivoit à Francfort.

Le comte Bertrand et le duc de Raguse étoient à Hanau.

Le général Sébastiani étoit sur la Nidda.

(Wir fügen eine treue Uebersetzung des Französischen Amtsberichtes bei, in der Voraussetzung, daß solche unsern Lesern nicht unwillkommen seyn werde.)

Der Kaiser hat am 25. Oktbr. Erfurt verlassen. Unsere Armee setzte ihren Marsch nach dem Main ungehindert fort. Als man in Gelnhausen ankam, gewahrte man ein feindliches Korps 4 bis 5000 Mann stark, welches nach der Aussage der gemachten Gefangenen die Avantgarde der Oesterreichisch-Baierischen Armee war. Diese Avantgarde wurde gedrängt und zum Rückzuge genöthigt. Eine vom Feinde zerstörte Brücke wurde aufs schleunigste wieder hergestellt. Man hatte ferner durch die Gefangenen erfahren, daß die Oesterreichisch-Baierische Armee, deren Stärke auf 60 bis 70,000 Mann angegeben wurde von Braunau nach Hanau sich bewegt hatte, in der Absicht der Französischen Armee den Weg abzuschneiden.

Am 29. des Abends wurden die Tirailleurs der feindlichen Avantgarde bis jenseits des Dorfs Langenselbold zurückgeworfen und um 7 Uhr kam der Kaiser mit seinem Hauptquartier daselbst an und stieg in dem Schlosse des Fürsten von Isenburg ab.

Am folgenden Tage den 30. Morgens um 9 Uhr setzte sich der Kaiser zu Pferde. Der Herzog von Tarent ging mit 3000 Tirailleurs vom General Charpentier befehligt vorwärts; ihm folgten die Kavallerie des Generals Sebastiani, die vom General Friant kommandirte Division der Garde und die Kavallerie der alten Garde; der Rest der Armee befand sich noch um einen Tagmarsch rückwärts. Der Feind hatte sechs Bataillons bei dem Dorfe Rückingen aufgestellt, um so alle nach dem Rhein führende Straßen abzuschneiden. Einige Kartätschenschüsse und eine Kavalleriecharge reichten hin, um diese Bataillons zum schnellsten Rückzuge zu bringen.

Als man die Grenze des Waldes zwei Stunden von Hanau erreicht hatte, begannen die Tirailleurs das Gefecht. Der Feind wurde bis zu dem Punkte zurückgedrängt wo die alte Straße sich mit der neuen verbindet. Da er der Ueberlegenheit unserer Infanterie nichts zu widersetzen vermochte, so versuchte er die Bedeutenheit seiner Masse zu seinem Vortheil zu benutzen und dehnte sein Feuer mehr auf den rechten Flügel aus. Eine Brigade von 2000 Tirailleurs vom 2ten Korps, unter Anführung des Generals Dubreton, mußte ihn zurückhalten und der General Sebastiani ließ in den lichteren Stellen des Waldes auf die feindlichen Tirailleurs mehrere folgenreiche Chargen machen. So hielten 5000 Mann von unsern Tirailleurs die ganze feindliche Armee zurück bis um 3 Uhr Nachmittags.

Die Artillerie war angekommen. Der Kaiser befahl dem General Curial mit 2 Jägerbataillons der alten

Garde eine Charge auf den Feind zu machen und ihn über den Ausgang des Waldes hinauszuwerfen. General Drouot mußte auf der Stelle mit 50 Kanonen vorrücken. General Nansouty erhielt den Befehl zu einem lebhaften Angriff in der Ebene mit dem Korps des Generals Sebastiani und der Kavallerie der alten Garde. Alle diese Dispositionen wurden pünktlich vollführt. General Curial warf mehrere feindliche Bataillons. Beim bloßen Anblick der alten Garde flohen die Oesterreicher und Baiern. General Drouot ließ fünfzehn Kanonen, die er nach und nach bis auf die Zahl von fünfzig vermehrte in Batterien auffahren, mit der ganzen Thätigkeit und der kaltblütigen Unerschrockenheit, welche diesen General auszeichnen.

General Nansouty eilte auf den rechten Flügel dieser Batterien und ließ 10,000 Mann feindlicher Kavallerie durch den General Leveque, Major der alten Garde, durch die Kürassierdivision St. Germain und nach und nach durch die Grenadiere und Dragoner der alten Garde-Kavallerie angreifen. Alle diese Angriffe hatten den glücklichsten Erfolg. Die feindliche Kavallerie wurde geworfen und zusammengehauen; mehrere Infanterie-Quarrees wurden durchbrochen. Das Oesterreichische Regiment Jordis und die Uhlanen des Fürsten von Schwarzenberg sind gänzlich aufgerieben. Der Feind verließ die Frankfurterstraße, auf welcher er sich postirt und den ganzen Strich den er mit seinem linken Flügel eingenommen hatte; er trat seinen Rückzug an, der bald in gänzliche Flucht ausartete.

Es war 5 Uhr, die Feinde machten einen Versuch auf ihrem rechten Flügel, um dem linken Luft zu machen, und ihm Zeit zu lassen sich wieder zu sammeln. Der General Friant schickte 2 Bataillons von der alten Garde nach einem Vorwerk auf der alten Straße von Hanau. Der Feind wurde bald daraus vertrieben, und sein rechter Flügel genöthigt den Rückzug anzutreten. Noch vor 6 Uhr Abends, ging er in Unordnung über den Kinzigfluß zurück.

Der Sieg war vollständig.

Der Feind, welcher sich überall setzen wollte, wurde genöthiget, die Frankfurter und Hanauer Straße zu verlassen.

Wir haben 6000 Gefangene gemacht und mehrere Kanonen genommen. Der Feind hatte sechs todte oder verwundete Generäle. Sein Verlust mag sich ungefähr auf 10,000 Todte, Blessirte und Gefangene belaufen. Der unsrige beträgt nicht über 400 bis 500 an Todten und Blessirten. Von unserer Seite waren nur 5000 Tirailleurs, 4 Bataillons von der alten Garde, ungefähr 80 Eskadrons Kavallerie und 120 Kanonen im Gefecht.

Den 31. Morgens zog sich der Feind gegen Aschaffenburg zurück. Der Kaiser setzte seine Bewegungen fort und um 3 Uhr Nachmittags waren Se. Majestät in Frankfurt.

Die in dieser Schlacht und in den von Wachau und Leipzig genommenen Fahnen, wurden nach Paris abgeschickt.

Die Kürassiere, die Grenadiere zu Pferde, die Dragoner haben glänzende Angriffe gemacht. Zwei Eskadrons von der Ehrengarde des 3. Regiments unter der Anführung des Majors Salüces, haben sich vorzüglich ausgezeichnet, und geben die schönsten Hoffnungen für das, was sich im nächsten Frühjahr von diesem Korps erwarten läßt, wenn es vollkommen organisirt und geübt seyn wird.

Der Artillerie-General Nourrit, und der General Devaux, Major von der Artillerie-Garde, verdienen genannt zu werden. Dem General Letort, Major von den Dragonern der Garde wurde, da er an der Spitze seines Regiments den Angriff machte, das Pferd unter dem Leibe getödtet.

Den 31. Abends war das große Hauptquartier in Frankfurt. Der Herzog von Treviso war mit 2 Divisionen der jungen Garde und dem ersten Kavalleriekorps zu Gelnhausen. Der Herzog von Reggio war in Frankfurt. Der Graf Bertrand und der Herzog von Ragusa waren in Hanau. Der General Sebastiani stand an der Nidda.

Zu den Abbildungen

Die Schlacht bei Hanau am 30./31. Oktober 1813 fand, als letztes großes militärisches Unternehmen Napoleons auf deutschem Boden, ein reges Echo in ganz Europa. Zahlreiche Stiche kursierten schon kurz nach den kriegerischen Ereignissen. In Hanau war es der Direktor der Zeichenakademie, Konrad Westermayr (1765–1834), ein Schüler Tischbeins, der die militärischen Auseinandersetzungen skizzierte. Nach Westermayrs Vorlagen fertigte der Augsburger Radierer Johan Lorenz Rugendas (1775–1826) Aquatinta-Radierungen, die rasch Verbreitung fanden. Besonders das Motiv von den Kampfhandlungen an der Kinzigbrücke und in der Vorstadt fand raschen Absatz und auch zahlreiche Nachahmer. Unsere Abbildung nach Seite 62 zeigt eine solche von Friedr. Brauer, die nur in ganz wenigen Details von der Darstellung Rugendas' abweicht. Auch in Frankreich stießen die militärischen Aktionen Napoleons vor Hanau auf großes Interesse. Der Maler Horace Vernet (1789–1863), der auch die Illustrationen zu dem Monumentalwerk „La Histoire de Napoléon“ von Laurent d'Ardèche schuf, hielt die Hanauer Ereignisse in einem imposanten Gemälde fest, das sich heute im British Museum in London befindet. Dieses wiederum wurde in zahlreichen Stichen in ganz Europa verbreitet (Abbildung nach Seite 44).

Werner Kurz

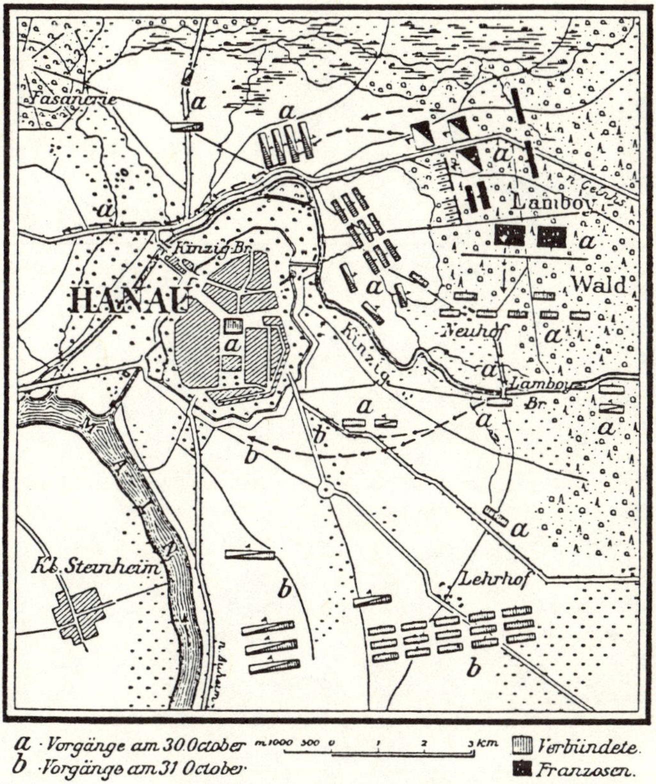

Plan der Schlacht bei Hanau

Aus: Rewitsch Theodor, 1812 – 1815, Geschichte der Freiheitskriege, 2. Band, 2. Aufl g., Leipzig o. J.

Erklärung des Schlachtplans.

a Division Beckers am rechten Flügel, b östr. Regiment Szeckler, c das Centrum (Division Lamotte ꝛc.), i 28 Geschütze zur Unterstützung des linken Flügels, der aus beinahe sämmtlicher Reiterei gebildet, l Division Fresnel als Reserve auf dem linken Kinzigufer. h Denisows Kosaken hinter dem Centrum. Eine österreichische Brigade g hält die Stadt besetzt, e Kosaken beobachten die Straße nach Friedberg, hinter ihnen zur Unterstützung befinden sich östr. und bayr. Reiter f.

(A) Gegen Mittag kommen Charpentier's Plänkler, werden durch das Geschützfeuer (b) verhindert, aus dem Gehölz zu kommen. 2000 unter Dübreton, Curial und Friand (B) rücken an. Gegen 3 Uhr macht die franz. Armee (ABCDEF) einen Angriff auf den linken Flügel der Alliirten, (D) die alte Garde rückt an. Dronot läßt 50 Geschütze (F) auffahren. Sebastiani und Nansouty's Reiterei (C). Feindliche Reiterei (d). Bayr. österr. Heer überschreitet die Kinzig und nimmt hinter derselben Stellung (m m).

Während der Nacht setzt die franz. Armee (H) ihren Marsch über Wilhelmsbad und Hochstadt fort. Das 3. Corps (G) trifft in der Nacht bei Hanau ein.

Der Theil des Waldes (ECF) heißt Distrikt Läusebaum, hier war auch Napoleons Zelt. Der von H nach Kesselstadt führende Weg heißt Sallsweg.

Der Stahlstich ist eine Darstellung des Angriffs der Alliirten auf die Franzosen am 31. Oktober an der Kinzigbrücke.

Aus: Emmel, Hermann; Die Schlacht bei Hanau am 30. und 31. Oktober 1813 in Allgemeiner Darstellung und Einzelbildern. Nach geschichtlichen Quellen und mündlicher Überlieferung. Hanau. Friedrich König's Verlag 1864.

(Druck: Waisenhaus-Buchdruckerei zu Hanau)

SCHLACHT bei HANAU.

den 30. u. 31. October 1813.

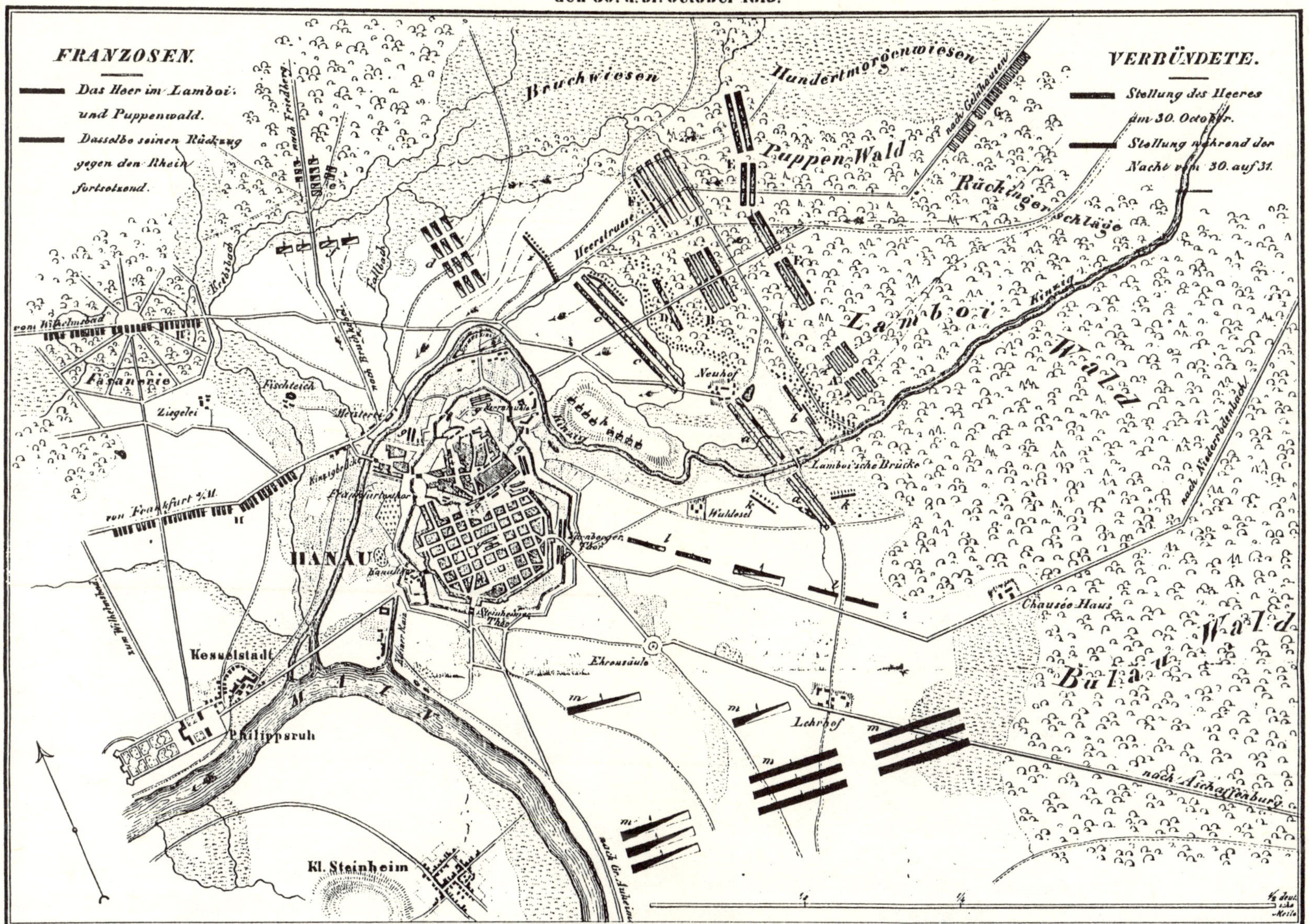

Steindr. v. A. Nollenberger in Hanau

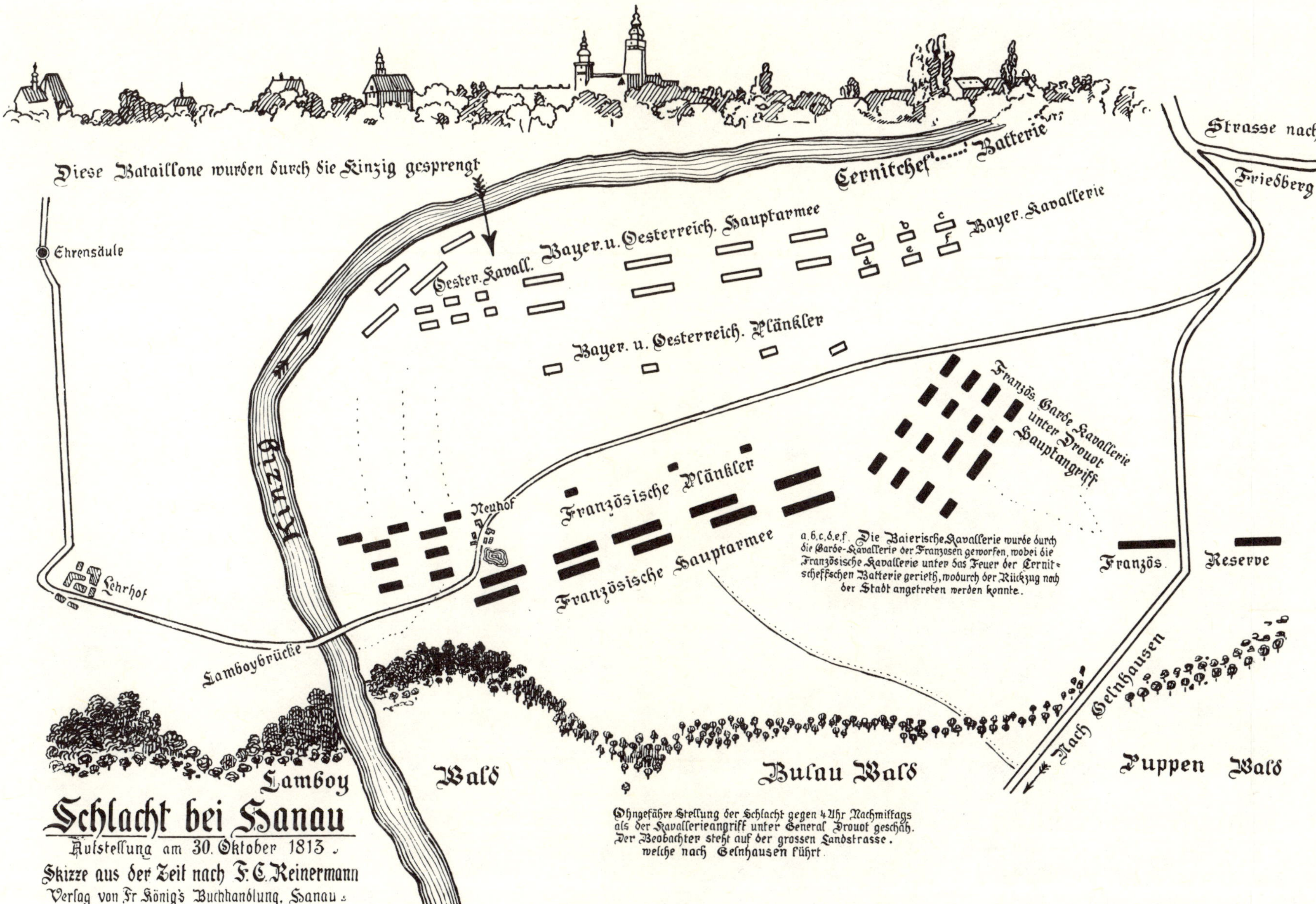

Diese Bataillone wurden durch die Kinzig gesprengt
Cernitchef Batterie
Strasse nach
Friedberg
Ehrensäule
Bayer. u. Oesterreich. Hauptarmee
Bayer. Kavallerie
a
b
c
d
e
f
Oester. Kavall.
Bayer. u. Oesterreich. Plänkler
Kinzig
Französ. Garde Kavallerie unter Drouot Hauptangriff
Neuhof
Französische Plänkler
Französische Hauptarmee
Lehrhof
Lamboybrücke
a.b.c.d.e.f. Die Baierische Kavallerie wurde durch die Garde-Kavallerie der Franzosen geworfen, wobei die Französische Kavallerie unter das Feuer der Cernitscheffschen Batterie gerieth, wodurch der Rückzug nach der Stadt angetreten werden konnte.
Französ.
Reserve
Nach Gelnhausen
Lamboy
Wald
Bulau Wald
Puppen Wald
Schlacht bei Hanau
Aufstellung am 30. Oktober 1813.
Skizze aus der Zeit nach F. C. Reinermann
Verlag von Fr. König's Buchhandlung, Hanau.
Ohngefähre Stellung der Schlacht gegen 4 Uhr Nachmittags als der Kavallerieangriff unter General Drouot geschah. Der Beobachter steht auf der grossen Landstrasse. welche nach Gelnhausen führt.